巨林天命四柱學

― 천명사주 사례별 임상비교분석 실전 종합 응용편 ―

巨林天命四柱學 下

1판 1쇄 / 2005. 2. 25.
1판 2쇄 / 2016. 3. 5.
저   자 / 魯炳漢
발 행 인 / 이 창 식
발 행 처 / 안암문화사
등   록 / 1978. 5. 24.(제2-565호)
       135-200 서울시 강남구 밤고개로 21길 25
              래미안 포레APT 311동 807호
       전화 (02)2238-0491
       Fax (02)2252-4334
       E-mail anam2008@naver.com

Copyright© 2005 by An Am Publishing Co.
Printed in Seoul, Korea.

ISBN 89-7235-033-8 03150

必傳四柱鑑定法

巨林天命四柱學

東方大學院大學校 教授

魯 炳 漢 博士 著

圖書出版 안암문화사

序 文

天命四柱學(천명사주학)과 같은 運命學術(운명학술)은 인간을 이해하려는 여러 가지 방식들 중에서 한 가지의 방식이라고 할 수 있다. 태어남과 죽음을 命이라 한다. 하늘로부터 부여받은 天命은 바꿀 수 없다. 모든 사람은 각자 정해진 길(大運)을 따라서 살게 되어 있는데 이를 운명론이라고 하는 것이다. 그렇게 이미 정해져 있는 노선을 운명이라 부르고 대부분 사람들은 죽음을 준비하고 편안하게 죽고 싶어 한다.

그러나 생명요람, 즉 생명의 기원은 아직도 수수께기의 영역이다. 생명력은 陰氣가 아닌 陽氣에서 태어난다. 그러나 陰氣가 응결되어서 大地를 이루고 生命이 자라나는 滋養分(자양분)이 된다. 그리고 출생(년월일시) 이전의 인연은 오행술수 자체의 한계를 넘는 종교적인 문제이기도 하다.

東方世界(동방세계)에서는 오래 전부터 일상생활에서 각종 학문에 이르기까지 일거수 일투족의 모든 분야들에서 陰陽의 原理를 적용하여 발전시켜 왔다. 그리고 生命을 다스리는 의학과 자연과학의 분야에까지 相對性(상대성)의 陰陽原理(음양원리)를 이용하여 우주시대를 맡게 되었다.

우주 공간속에서 존재하는 인간도 역시 음양이론의 우주 자연 법칙에서 벗어날 수 없다고 보고 음양의 조화도 인간의 사주도 결국 生年月日時에 따라서 운명이 정해진다고 보는 것이다.

그렇기 때문에 四柱는 편파되지 않고 陰陽이 골고루 均衡(균형)을 이루어야만 한다. 陰陽이 균형을 이루지 못하고 한쪽으로 편중되면 매사가 편파적이고 편굴적으로 되어 삶에 있어서 기복과 풍파가 많아 안정·발전·행복을 기대하기 어려운 것이다. 그러므로 천명사주에 있어서 陰陽의 균형적인 조화는 필수 불가분의 철칙이라고 할 수 있는 것이다.

사람이 타고난 성품이 천성이다. 이러한 천성이 겉으로는 천양만태이지만 실제로는 12운성의 범주를 벗어나지 못하고 있다. 12運星(운성)은 타고난 人生(四柱)의 뿌리이고 심성이다. 그래서 사람이 선천적으로 타고난 것은 천성·심성·기질·체질·운명 등이다.

그러하기에 천명사주팔자를 관찰하면 그 사람 인생의 모든 것을 한눈으로 관찰할 수가 있는 것이다. 즉 인간이 타고난 사주팔자는 한치도 이탈하거나 초월할 수가 없는 것이다. 하늘에서 타고난 운명이 천명이고 그 천명을 명세한 하늘의 문서가 바로 사주팔자인 것이다.

天命四柱는 이 세상에 태어날 때에 조물주로부터 받은 陰陽五行의 質量(질량)을 세밀하게 분석하고 밝힌 明細書(명세서)이기 때문에 사주를 분석하여 보면 그 당사자의 精神(정신)·肉身(육신)·五臟六腑(오장육부)·四肢五體(사지오체)·耳目口鼻(이목구비)의 旺衰(왕쇠)와 强弱(강약)은 물론이고 先天的(선천적)인 體質(체질)·氣質(기질)·性質(성질)·心性(심성)·能力(능력)·六親關係(육친관계)·周圍環境(주위환경)·人生觀(인생관)·性機能(성기능)에 이르기까지 모든 것들을 일목요연하게 관찰·판단할 수 있는 人間設計圖(인간설계도)이며 일생의 운명을 명세한 평생각본인 것이다.

그래서 천명사주는 그 인생이 타고난 품성·천성·심성·개성·적성·인생관·장점·단점·능력·그릇·기질·소질·체질·질병·뜻·부귀·빈천·분복·직업·욕심·취미·육친 일생의 운명·기복을 연대별로 顯微鏡(현미경)처럼 세밀히 밝혀서 인생을 해부·분석·설명하는데 아주 정확·정밀한 학문이다.

인간·인생·삶·사회·자연을 연구·탐구하는데 있어서 이보다 더 중요하고 정확한 학문은 없다고 할 것이다. 열차가 軌道를 뛰어넘어 달릴 수가 없듯이 인생도 천명을 초월할 수 없는 것이다. 우리는 천명을 통해서 자신의 인생을 발견하는 유일한 진리이고 거울임을 인식해야만 할 것이다.

천명사주를 공부함에 있어서 자신의 사주를 이해한다는 것은 그 무

엇보다도 소중한 것이다. 자신이 가야할 길을 알면 헛되이 방황하거
나 갈팡질팡 당황하지도 않을 뿐만이 아니라 부질없는 허욕을 부리고
시간과 정력을 낭비하지 않기 때문이다.

　끝으로 본서의 출간에 심혈을 기울여 주신 안암문화사 이창식 사장
님께 진심으로 감사를 드립니다. 그리고 본서의 출간에 있어서 新安
建設産業(株) 會長 禹炅仙(辛巳生)님의 物心兩面의 支援과 격려가
큰 힘이 되었음을 밝히면서 이에 진심으로 감사드립니다.

　　　　　　　　　　　　　　　　　　2005년 正初　慧林軒에서

　　　　　　　　　　　　　　　　巨林 **魯 炳 漢**

目 次

第4章 命理學의 用神分析論 ······ 119

第8章 天命通變百變論 ······ 225

表 目 次

巨林天命四柱學

第1章 天命臨床分析論

天命(천명)은 天賦的(천부적)으로 타고난 商品(상품)을 방출하고 거래하는 장사꾼 즉, 商人(상인)을 상징하는 것으로 비유될 수 있다. 천명에서의 用(용)은 상품을 소비하는 市場(시장)·顧客(고객)이므로 用이 연월일시에 있게 되면 忠臣(충신)이 동서남북에 있음을 의미하는 것이다. 이렇게 用이 동서남북에 널려있으면 어디를 가나 장사가 잘되어 소득이 풍족하게 된다.

한편 천명에서의 體(체)는 똑같이 同一商品(동일상품)을 판매하는 競爭者(경쟁자)·妨害者(방해자)이기 때문에 猜忌嫉妬者(시기질투자)인 것이다. 이렇게 體가 동서남북에 널려있게 되면 경쟁자와 방해자가 사방에 진을 치고 있는 격이기 때문에 어디를 가나 장사가 안되고 가난·재난이 부절이다.

따라서 천명을 분석할 경우에는 四柱(사주)의 네 기둥을 東西南北方位(동서남북방위)·春夏秋冬四季節(춘하추동사계절)·陰陽五行(음양오행) 등으로 나누어서 관찰하고 분석함이 바른 방법인 것이다.

四柱의 네 기둥이 갖는 기본적인 성정을 살펴보면 다음과 같다. 첫째 年柱(년주)는 北方·겨울(冬)·水에 해당하므로 萬物(만물)이 孕胎(잉태)하는 뿌리로서 祖上(조상)·血統(혈통)·父親(부친)를 상징한다. 둘째 月柱(월주)는 東方·봄(春)·木에 해당하므로 만물이 發生(발생)하는 싹(芽)으로서 母體(모체)·形體(형체)를 상징한다. 셋째 日柱(일주)는 南方·여름(夏)·火에 해당하므로 만물이 成長(성장)하고 활짝피는 꽃(花)·얼굴로서 自身(자신)·夫婦(부부)를 상징하는 것이다. 넷째 時柱(시주)는 西方·가을(秋)·金에 해당하므로 만물이 成熟(성숙)하는 열매로서 子息(자식)·末年(말년)을 상징하는 것이다.

따라서 본장에서는 천명사주학 상권에서 공부한 내용을 기초로 실존했던 인물들의 천명사주임상분석을 통해 사주학의 그 정확성 여부를 가늠해 보고자 하는 것이다. 그래서 大企業家(대기업가)·高官大爵(고관대작)·國家最高統治者(국가최고통치자)·一般人(일반인) 등으로 구분하여 그들의 天命四柱(천명사주)와 生涯(생애)의 臨床比較分析(임상비교분석)을 하여 봄으로써 사주분석의 眞仮(진가)를 측정하고자 하는 것이다.

第1節 大企業家天命의 臨床分析

1. 大企業家의 乾命實例 I

1) 體用區分

분석의 대상은 乾命(건명—남자)의 大企業家(대기업가)로 삶을 살아온 경우이다. 그는 1920년 4월 27일 寅時生(인시생)이므로 그의 천명은 〈表 1-1〉의 天命四柱盤(천명사주반)으로 구성된다고 할 것이다. 이 사람의 천명은 月支(월지)가 午火(오화)이므로 火가 왕성하고 水가 허약함이니 火는 體이고 水가 用인 것이다. 즉 火體水用天命(화체수용천명)인 것이다.

그런데 日干이 壬水로서 用이니 유능하고 현명하며 충실한 宰相(재상)인 것이다. 그리고 日干의 좌우에 比肩(壬水)이 있고 年上에 印星(庚金)이 있다. 比肩(비견)과 印星(인성)이 用으로서 宰相(日干)을 도와주고 군왕(月支)인 主體에 충성을 다하고 있음이다.

또한 比劫(비겁)은 만인을 상징하기에 모든 사람이 有情(유정)하고 相扶相助(상부상조)하므로 이 사람은 人因成事(인인성사)하는 천명이라고 분석되는 것이다. 그래서 이러한 천명자는 同業(동업)으로 사업을 시작해서 旭日昇天(욱일승천)을 하듯이 번창하여 결국에는 巨富(거부)가 되었던 것이다.

〈表 1-1〉 大企業家 乾天命四柱盤

空亡	時柱		日柱		月柱		年柱		區分	
辰 巳	壬		壬		壬		庚		天 干(天)	
	寅		寅		午		申		地 支(地)	
	甲丙戊		甲丙戊		丁己丙		庚壬戊己		地藏干(人)	
	山下火		白鑞金		大驛土		劍鋒金		納音五行	
三災	病		病		胎		長生		十二運星	
寅卯辰	驛馬 移動變動		驛馬 移動變動		災 囚獄殺		地 驛馬類似		十二神殺	
火體 水用 天命	78	68	58	48	38	28	18	8	歲	大運
	庚	己	戊	丁	丙	乙	甲	癸	影響力	
	寅	丑	子	亥	戌	酉	申	未	影響力	

2) 六神中 比劫用天命

상기의 천명자는 比劫(비겁), 즉 萬人이 用이기 때문에 만인을 상대로 하는 상품과 사업이 적성이다. 맛을 내는 상품을 개발하여 시장에 출시하니 소비자들로부터 환영을 받는 인기있는 상품이 되었다. 이렇게 만인이 상품을 애용해서 돈을 벌어주며 종업원을 최대한 아끼고 후대하니 말썽 많은 勞組(노조)가 설땅이 없으며 회사의 종업원 모두가 꿀벌처럼 힘써 생산하고 노력하니 因人成富(인인성부)를 이룬것이다.

水는 陰이고 물질인데 상기의 천명자는 水가 用이니 천부적으로 물(水)팔자로서 장사꾼의 천명인 것이다. 물(水)은 하나로 뭉치는 것이 천성이듯이 장사는 천하의 富를 독차지 하려는 욕망이 있는 것이다. 비록 장사를 하고 치부를 하되 만인과 더불어 동고동락을 하고 모든 것을 나누어서 함께 즐기니 이는 하늘이 내린 德富(덕부)라고 할만 하다.

2. 大企業家의 乾命實例 Ⅱ

1) 體用區分

분석의 대상은 乾命(건명-남자)의 大企業家(대기업가)로 삶을 살아온 경우이다. 그는 1910년 1월 3일 戌時生(술시생)이므로 그의 천명은 〈表 1-2〉의 天命四柱盤(천명사주반)으로 구성된다고 할 것이다.

이 사람의 천명은 月支가 寅木이므로 木이 왕성하고 金이 허약함이니 木이 體이고 金이 用이다. 즉 木體金用天命(목체금용천명)인 것이다. 그런데 年上에 用(庚金)이 있으니 父德(부덕)이 후하고 月上에 用(金)을 생해주는 小用의 土(戊)가 있으니 兄弟間(형제간)의 인연이 두터운 천명인 것이다.

그리고 地支에 암장된 小用(土)이 다섯 개나 있고 또한 地支에 암장된 用(金)이 셋이나 있으니 천명의 干支가 모두 用으로 가득차 있다고 할 것이다. 단지 時干에 體(木)를 生하여 주는 小體(壬水)가 있을 뿐이다.

土는 天地陰陽(천지음양)인 水火가 하나로 결합하는 男女和合(남녀화합)을 상징함인데 水는 地下水(지하수)이고 火는 太陽火(태양화)인 것이다. 만물은 太陽火와 地下水의 결합으로 창조되기 때문에 물(水)이 없는 메마른 땅(土)에서 생명이 발생할 수가 없듯이 태양(火)이 없는 얼어붙은 땅(土)에서도 생명이 발생할 수가 없는 것이

〈表 1-2〉 大企業家 乾天命四柱盤(1910.1.3.戊時生)

空亡	時柱	日柱	月柱	年柱	區分	
寅 卯	壬	戊	戊	庚	天 干(天)	
	戊	申	寅	戌	地 支(地)	
	戊丁辛	庚壬己戊	甲丙戊	戊丁辛	地藏干(人)	
	大海水	大驛土	城頭土	釵釧金	納音五行	
三災	墓	病	長生	墓	十二運星	
申酉戌	華蓋 花方席	驛馬 移動變動	地 驛馬類似	華蓋 花方席	十二神殺	
木體 金用 天命	77 壬 戊	67 乙 酉	57 甲 申	47 癸 未	37 壬 午	27 辛 巳	17 庚 辰	7 己 卯	歲 影響力 影響力	大運

다. 그래서 天地(천지)·陰陽(음양)·水火(수화)를 하나로 연결시키며 열띤 사랑(愛)과 創造(창조)의 작용을 촉진시키는 媒介體(매개체)가 바로 土인 것이다.

만물은 모두가 땅(土)에서 발생하여 땅(土)을 먹고 살기 때문에 땅(土)을 떠나서는 아무것도 발생할 수가 없고 땅(土)을 떠나서는 살고 자라날 수도 없음인 것이다. 그렇다고 땅(土)이 혼자서 만물과 생물을 만들어 내는 것은 아니고 물(水)과 태양(火)이 있어야만 가능한 것이다.

만물이 발생하는 土가 사람에 있어서는 여자의 子宮(자궁)이듯이 인간은 여자의 자궁에서 발생함이고 여자의 자궁이 곧 土인 것이다. 土가 물(水)를 얻으면 潤澤(윤택)하고 生氣(생기)가 있지만 土가 물(水)을 잃으면 메마른 燥土(조토)로서 生氣를 잃게 된다.

生氣가 있는 生土는 생명을 창조하고 성장시킬 수가 있지만 生氣가 없는 死土는 생명을 창조할 수도 성장시킬 수도 없는 무덤과 같은 것이다.

한편 用은 충성스러운 신하이고 부귀를 생산하는 꿀벌인데 상기의 천명은 用이 가득찬 用의 집단이기 때문에 태어나면서부터 衣食住(의식주)가 풍족한 인생인 것이다.

그리고 상기의 천명자는 天地에 土가 가득차 있으면서 寅중에 丙火·戌중에 丁火·申중에 壬水·時上에 壬水가 있어서 陰陽과 水火를 고루 갖추고 있음이다. 그래서 土가 윤택하고 왕성한 生土이기에 만물을 발생하는 모체이고 자궁으로서 갖출 것은 모두 완벽하게 갖추고 있는 천명인 것이다.

한편 天干에서는 土生金(戊生庚)하고 金生水(庚生壬)하니 모든 것이 水로 변하여 돌아가는 천명이다. 즉 물(水)팔자의 주인공으로서 水는 物質이며 富를 생산하고 이룩하는 것이 본능이고 능사이다.
그래서 상기의 천명은 벼슬하고 출세하는 貴보다는 천하의 富를 독
차지하는 것이 인생의 지표이고 이정표인 것이다.

육신상으로는 年上에 食神(庚)이 있고 時上에 偏財(壬)가 있다.
食神은 의식주가 풍족하고 무엇이든 所願成就(소원성취)를 하는 별
인데 年上의 食神은 부모로부터의 상속을 의미한다. 그리고 偏財는
金融(금융)·投機(투기)·理財(이재)로서 천하의 돈을 떡주무르듯 하
는 천재적인 장사꾼의 별이다.

이렇게 식신과 편재가 나타나면 食神生財(식신생재)를 하여 資金
(자금)이 豊足(풍족)한 동시에 장사 솜씨가 뛰어난 天賦的(천부적)
인 富者(부자)임을 암시하는 것이다.

2) 行運과 健康

상기의 천명자는 젊어서부터 기업을 창업하고 일생을 기업인으로
일관을 하였다. 그런데 그는 財星의 壬癸水가 나타나는 壬午大運
(37~46세)·癸未大運(47~56세)에 동서남북으로 새롭게 시장을
개척하여 떼돈을 벌었다.

그리고 用(申酉金)이 왕성한 甲申大運(57~66세)·乙酉大運
(67~76세)에서 천하의 거부로서 뿌리를 내렸던 것이다. 그러나 丙
戌大運(77~86세)부터는 丙火가 用(申酉金)과 食神(金)을 내리치
기 때문에 명맥이 흔들리기 시작하였는데 결국에는 77세인 丙寅년
부터 重病(중병)이 발생하기 시작하였던 것이다.

이렇게 木血이 體인 천명은 金氣가 가장 虛弱(허약)하기 때문에
肺(폐)와 大腸(대장)이 선천적으로 허약하고 이것이 만병의 근원이

되는 것이다. 그래서 丙寅년 77세에는 丙火와 寅木이 강함이니 허약한 金(肺−大腸)이 더욱 더 치명적인 손상을 입게 되었고 위기에 직면하게 된 것이었다.

그러므로 그는 金旺所(금왕소)인 西方에 가서 엄청난 돈으로 手術(수술)을 한 결과 생명을 부지할 수 있게 되었고 앞으로 10년은 더 살 수 있으리라 생각을 했었다. 그러나 丙戌大運에서는 金의 五臟六腑(오장육부)가 만신창이 인데 설상가상으로 78세에는 丁卯년이니 大運(대운)·歲運(세운)의 丙丁火가 年上의 庚金을 집중적으로 난타를 하고 金은 卯에서 絶胎(절태)이기 때문에 가장 無氣力(무기력)해질 수밖에 없음인 것이다.

즉 行運인 大運·歲運에서 丙丁火가 나타나서 극성을 부리니 四面楚歌(사면초가)가 될 수밖에 없음이어서 丙戌大運(병술대운)의 丁卯歲運(정묘세운)을 넘기지 못하고 丙丁火의 十字砲(십자포)에 만신창이가 된 것이다. 이렇게 이 땅에서 최고의 갑부로서 78년간의 인생에서 부귀영화를 누렸지만 造物主(조물주)의 각본인 천명을 어떻게 할 수는 없었던 것이다.

第2節 高官大爵天命의 臨床分析

1. 高官大爵의 乾命實例 I

1) 體用區分

분석의 대상은 乾命(건명−남자)의 高官大爵(고관대작)으로 삶을 살아온 경우이다. 그는 1917년 11월 8일 未時生(미시생)이므로 그의 천명은 〈表 1-3〉의 天命四柱盤(천명사주반)으로 구성된다고 할 것이다.

그런데 이 사람의 천명은 月支가 子水이므로 水가 왕성하고 火가 허약함이니 水는 體이고 火가 用이다. 즉 水體火用天命(수체화용천명)인 것이다. 그런데 日干이 丁火로서 用이니 유능하고 현명하며 충실한 宰相이다. 日干의 左에 用(丁火)이 있고 右에 比肩(壬水)이 있음이니 嚴冬雪寒(엄동설한)에 불을 피워서 추위를 녹혀주는 격이므로 만인이 모여들고 따르며 한마음 한뜻을 이룸이니 萬人이 有情(유정)하고 힘써서 도와주는 격이다.

火는 하늘로 치솟고 천하에 빛을 밝히는 성정인데 이 세상에서 하늘 높이 치솟고 이름을 떨치는 것은 벼슬이고 출세이며 貴함인 것이다.

〈表 1-3〉 高官大爵 乾天命四柱盤(1917.11.8.未時生)

空亡	時柱		日柱	月柱	年柱	區分	
辰 巳	丁		丁	壬	丁	天 干(天)	
	未		酉	子	巳	地 支(地)	
	己乙丁		辛辛庚	癸癸壬	丙庚戊	地藏干(人)	
	天河水		山下火	桑石木	沙中金	納音五行	
三災	冠帶		長生	絶	帝旺	十二運星	
亥子丑	月 苦草殺		將星 文武兼全	六害 疾病障碍	地 驛馬類似	十二神殺	
水體 火用 天命	79	69	59 49	39 29	19 9	歲	大運
	甲	乙	丙 丁	戊 己	庚 辛	影響力	
	辰	巳	午 未	申 酉	戌 亥	影響力	

2) 體用과 官職

상기의 천명자는 천재도 영웅도 아니지만 젊은 나이부터 日就月 將(일취월장)으로 벼슬을 하고 出世街道(출세가도)를 달려왔다. 그 는 30대의 초반에 軍將星(군장성)이 되고 40대에 大使(대사)와 宰 相(재상)인 國務總理(국무총리)를 엮임하는 등 60대 초반까지 정부 의 高官大爵(고관대작)을 두루 거쳤던 것이다. 자유당정권을 비롯 해서 4.19혁명과 5.16혁명 등 수차례의 정권교체를 거치는 동안에 榮枯盛衰(영고성쇠)가 무상하였지만 상기의 천명자는 단 한번의 수 난도 겪지 않고서 사회적 지도자로서 맹활약하였던 것이다.

그는 얼굴마담이라는 별명을 가졌지만 주위와 만인이 사랑하고 아끼며 신임하고 존경하였기 때문에 벼락출세를 하고 승승장구하는 영화를 누렸음이니 因人成事(인인성사)하고 因人成貴(인인성귀)를 이룬 대표적인 천명이라고 할 수 있음인 것이다.

2. 高官大爵의 乾命實例 Ⅱ

1) 體用區分과 行運分析

분석의 대상은 乾命(건명−남자)의 高官大爵(고관대작)으로 삶을 살아온 宋代(송대) 宰相(재상)을 지낸 文天祥(문천상)의 경우이다. 그의 천명은 〈表 1−4〉와 같은 天命四柱盤(천명사주반)으로 구성된 다고 할 것이다.

이 사람의 천명은 月支가 午火이므로 火가 왕성하고 水가 허약함 이니 火가 體이고 水가 用이다. 즉 火體水用天命(화체수용천명)인 것이다. 年支와 時支간에 申子水局(신자수국)을 형성하고 있음이니 滄海(창해)의 바다에서 潛龍(잠용)이 용솟음치고 있는 형국이다. 17歲부터 진행되는 20년간의 申酉大運(신유대운)에서 用을 생해주는 金이 왕성하니 時運(시운)을 얻어서 일찍 官職(관직)에 오르고 乘勝長驅(승승장구)로 出世街道(출세가도)를 달렸던 것이다.

그러나 이 사람의 천명은 天干에서 丙丁火의 體가 왕성하면서 무리를 지으니 처음부터 對立(대립)하고 싸우며 죽이고 빼앗는데 능소능대한 천명인 것이다. 그래서 그는 武將(무장)으로서 뛰어난 동시에 宰相(재상)으로서도 유명했던 것이다.

〈表 1-4〉 高官大爵 乾天命四柱盤(宋代宰相文天祥)

空亡	時柱		日柱		月柱		年柱		區分	
子 丑	庚		丁		甲		丙		天　干(天)	
	子		巳		午		申		地　支(地)	
	癸◇壬		丙庚戊		丁己丙		庚壬戊己		地藏干(人)	
	壁上土		沙中土		沙中金		山下火		納音五行	
三災	絶		帝旺		建祿		沐浴		十二運星	
寅卯辰	將星 文武兼全		劫 絶星		災 囚獄殺		地 驛馬類似		十二神殺	
火體 水用 天命	77	67	57	47	37	27	17	7	歲	大運
	壬	辛	庚	己	戊	丁	丙	乙	影響力	
	寅	丑	子	亥	戌	酉	申	未	影響力	

그러나 그는 37세부터의 戊戌大運(무술대운) 중에서 43歲의 戊寅년에 月支의 午와 함께 寅午戌火局(인오술화국)을 이루니 體가 極盛(극성)을 부리는 형국이 되어서 天下大權(천하대권)을 쟁취하

기 위한 싸움이 사방에서 발생하여 처절한 殺傷(살상)이 극치를 이루게 되었던 것이다.

이렇게 體는 왕권을 다투는 不俱戴天(불구대천)의 敵(적)인데 體가 三合을 형성함은 적이 득세하여 대세를 장악한 격이니 四面楚歌(사면초가)이고 四顧無親(사고무친)이며 死地(사지)에 직면한 격인 것이다.

상기의 천명자는 용맹스런 무장으로서 적과 정면에서 대치하고 용감하게 싸우고 무찔러 승승장구의 기세를 몰고 破竹之勢(파죽지세)로 적을 공격하니 적들은 앞을 다투어서 도망을 쳤고 그는 氣高萬丈(기고만장)해서 적을 單身追擊(단신추격)하였으나 적의 진지에 깊숙이 들어가자 갑자기 伏兵(복병)이 나타나 完全包圍(완전포위) 되었으니 일기당천이라고 하지만 衆寡不敵(중과부적)으로 결국은 처절한 죽음을 당하고야 말았던 것이다.

즉 體가 왕성하고 극성한 것은 白虎(백호)와 같은 적이 왕성하고 극성한 것이니 이럴 때에 적과 싸우는 것은 염라대왕과 싸우는 형국인 것이다. 도망치는 적진을 향해서 단신추격으로 뛰어든 것은 하룻강아지가 범무서운줄 모르고 호랑이굴에 뛰어들어 非命橫死(비명횡사)한 경우이니 이것이 바로 기막힌 운명의 장난·조화·소치인 것이다.

天命은 오직 陰陽五行(음양오행)의 作品(작품)이고 造化(조화)이기 때문에 명리학의 신살론이나 격국용신론 등으로는 그 진실을 생생히 실증할 수가 없음인 것이다.

만일 상기의 천명자가 戊戌大運(무술대운)을 극복하고 水의 用이 왕성한 47歲부터의 己亥大運(기해대운)을 맞이하였다고 하면 이는 大漁(대어)가 滄海(창해)를 얻는 격이므로 亥子丑(해자축)의 北方大運(북방대운) 30년간은 문자 그대로 도처가 春風(춘풍)이고 旭日

昇天(욱일승천)하는 富貴榮華(부귀영화)를 누렸을 것이다.

그러나 寅午戌火局(인오술화국)을 형성해 놓음이 天命의 造化이 듯이 전쟁터에서 용감히 싸우고 무모하게 적진으로 단신추격으로 뛰어들게 한것, 이 모두가 造物主의 뜻이고 律法(율법)인 것을 어찌 할 것인가?

2) 中國命理學的 分析의 誤謬

당시의 기록에 의하면 中國命理學者(중국명리학자)들은 文天祥 (문천상)의 천명을 火의 從旺格(종왕격)으로 단정짓고 火를 用神 (용신)으로 삼았었다. 그래서 그들은 火는 大氣로서 木火運에 大發 (대발)하고 金水運에서는 大敗(대패)한다고 하였던 것이다.

만일 중국명리학의 格局用神論(격국용신론)의 논리가 진리라고 한다면 文天祥은 用神인 火가 得局(득국)을 하고 得勢(득세)를 하는 37세부터의 戊戌大運중에서 43歲의 戊寅년에 月支인 午火와 함께 寅午戌火局을 이루니 일생일대의 好機(호기)이고 好運(호운)으로서 능히 天下大勢(천하대세)를 지배하고 天下大權(천하대권)을 장악했 어야만 하는 것이다.

이렇게 天命에서 만사형통·소원성취·명진천하·욱일승천하는 것 은 오직 用神의 조화이고 권능인데 중국명리학의 논리대로 상기의 천명자는 用神이 왕성하고 극성하는 寅午戌三合火局(인오술삼합화 국)에서 어찌하여 旭日昇天(욱일승천)을 하지 못하고 처절한 참패 와 참사를 당했는가를 설명하지 못하고 있는 것이다.

3. 高官大爵의 乾命實例 Ⅲ

1) 體用區分

분석의 대상은 乾命(건명—남자)의 高官大爵(고관대작)으로 삶을 살아온 李範奭將軍(이범석장군)의 경우이다. 그의 천명은 1900년 10월 20일 午時生(오시생)이므로 〈表 1-5〉와 같은 天命四柱盤(천명사주반)으로 구성된다고 할 것이다.

이 사람의 천명은 月支가 子月로 水가 왕성함이고 火가 허약함이니 水가 體이고 火가 用이다. 즉 水體火用天命(수체화용천명)인 것이다. 그런데 年支와 月支에 子水가 나란히 나타나 있으니 水가 극성이며 日支와 時支에 午火가 나란히 나타나 있으니 嚴冬雪寒(엄동설한)에 回春(회춘)함을 상징하는 것이다.

〈表 1-5〉 高官大爵 乾天命四柱盤(1900.10.20.午)

空亡	時柱		日柱		月柱		年柱		區分	
午 未	戊		戊		戊		庚		天　干(天)	
	午		午		子		子		地　支(地)	
	丁己丙		丁己丙		癸◇壬		癸◇壬		地藏干(人)	
	天上火		天上火		霹靂火		壁上土		納音五行	
三災	帝旺		帝旺		胎		胎		十二運星	
寅卯辰	災 囚獄殺		災 囚獄殺		將星 文武兼全		將星 文武兼全		十二神殺	
水體 火用 天命	79	69	59	49	39	29	19	9	歲	大 運
	丙	乙	甲	癸	壬	辛	庚	己	影響力	
	申	未	午	巳	辰	卯	寅	丑	影響力	

한편 水體를 눌러 火用을 보살피는 戊土가 日干의 宰相의 자리를 차지하고 좌우에 戊土의 比肩이 나란히 있음이니 錦上添花格(금상첨화격)이라고 할 수 있음이다. 그러하기에 이러한 천명자는 만인이 유정하여 상부상조를 하니 因人成事(인인성사)를 하고 大丈夫(대장부)의 뜻을 이룰 수가 있음인 것이다.

음양오행에서 水는 玄武(현무)로서 야밤의 盜賊(도적)이자 한 나라를 침공하는 侵略者(침략자)를 의미한다. 그런데 比肩이 用이면 만인이 따르고 호응하는 지도적인 유능한 인재이므로 그는 만인과 더불어 玄武인 도적떼들과 침략자들을 사방에서 공격하여 무찌르는 형국이니 과연 대장부다운 천명이라고 할 것이다.

日支와 時支에 午火는 말(馬)을 상징하는데 午가 體이면 쓸모가 없는 鈍馬(둔마)이지만 반대로 午火가 用이면 아주 쓸모가 있는 千里馬(천리마)에 해당하는 경우이므로 그는 젊어서 만주땅으로 망명한 다음에 만주를 공격하였다. 그리고 침략하여 빼앗은 도적떼인 일본군대를 만주벌판에서 대대적으로 공격하고 대파하여 대승을 주도한 명장군의 천명이었던 것이다.

2) 行運分析

상기의 천명자가 8.15해방 이후에 歸國(귀국)을 하자 전국에서 청년들이 몰려들어 따르며 뭉치고 단결하니 靑年同志(청년동지)들을 규합하여 단체를 영도하였다.

이렇게 그는 위대한 指導者(지도자)·愛國者(애국자)로서 청년들의 가슴을 사로잡고 정열을 불태우게 하면서 천하의 대세를 형성·장악할 수 있는 막강한 파워를 집약할 수 있었던 것이다.

그러나 상기의 천명자는 겨울태생으로서 水體이기 때문에 火가 命脈(명맥)인 셈이다. 이렇게 그에게 있어서 人脈(인맥)·同志(동지)·集團(집단)은 가장 중요한 命脈(명맥)·精氣(정기)·壽命(수명)이었는데 그의 勢力(세력)과 大勢(대세)를 염려한 집권자는 그에게 宰相의 자리를 주면서 집단을 해체시키게 하였던 것이다.

天命四柱盤(천명사주반)에서 年上은 君王(군왕)과 國祿(국록)을 상징한다. 그런데 그는 年上의 庚金이 食神이지만 庚金이 水體를 生해주는 小體에 속하기 때문에 군왕과 국록과는 인연이 두텁지가 못한 천명인 것이다.

그러므로 그에게 官職(관직)은 毒藥(독약)과 사자밥이나 같음인 것인데 받아서는 안될 벼슬과 국록을 순순히 받아들였다.

그리고 반대로 놓치거나 해체해서는 안될 집단과 동지들을 헌신짝처럼 버렸음이 천추에 한을 남길 치명적인 誤判(오판)이요 失手(실수)였던 셈인 것이다. 즉 대중의 영도자가 대중을 잃고나면 꽁지 빠진 참새꼴인 것이며 무장이 해제된 장군도 또한 보품없는 패잔병에 불과함이니 그의 실수는 再起不能(재기불능)의 결정적이고 치명적인 것이었다.

상기의 천명자에게 있어서 49歲부터 진행되는 大運이 巳午未南方大運(사오미남방대운)에서는 用이 왕성하니 운세가 旭日昇天(욱일승천)을 할 수 있었다. 그러나 59歲 이후에 진행되는 甲午大運(갑오대운)과 乙未大運(을미대운)에서는 偏官인 甲乙木이 그에게는 생명과도 같이 소중한 比肩(戊土－동지·집단)을 난도질하니 愛之重之(애지중지)하던 同志(동지)들이 만신창이가 되고 갈기갈기 찢기어져 흩어지니 그의 대세장악력이 고갈하게 됨인 것이다.

즉 官星은 벼슬을 상징하는 것인데 벼슬을 탐하다보니 그에게 命

脈(명맥)처럼 소중한 比肩, 즉 동지들을 모두 잃어버리게 된 것이다. 만일 그가 宰相의 자리를 탐하지 않고 동지들을 끝까지 애지중지하면서 나라를 위해서 대의를 고수했다면 그는 위대한 指導者(지도자)·先驅者(선구자)로서 역사에 이름을 남기며 이 나라의 역사를 바로 세울 수도 있었을 것이다.

그러나 年上의 국록을 기꺼이 받은 것이 그의 천명이듯이 또한 만인의 집단과 동지를 헌신짝처럼 버린것도 천명의 소치임이니 이를 어찌 탓할 수가 있을 것인가? 그도 또한 天命에 設計(설계)된 運命(운명)에 順應(순응)하고 充實(충실)하였던 것 뿐이다.

第3節 最高統治者天命의 臨床分析

1. 天賦的 爲政者의 乾命實例 I

1) 體用區分

분석의 대상은 乾命(건명—남자)의 天賦的(천부적)인 爲政者(위정자)로 삶을 산 後漢(후한)의 光武帝(광무제)의 경우이다. 그의 천명은 〈表 1−6〉과 같은 天命四柱盤(천명사주반)으로 구성된다.

그의 천명은 月支가 丑月로 늦겨울이므로 水가 왕성하고 火가 허약함이니 水가 體이고 火가 用이다. 즉 水體火用天命(수체화용천명)인 것이다. 그런데 日干의 木은 생명을 가진 생물로서 중생을 상징하면서 동시에 발생과 시작을 의미한다.

丑月의 嚴冬雪寒(엄동설한)에 중생이 추위에 떨고 있는데 丙火의

用이 時上에 떠오르니 동방에서 태양이 떠오르고 있음이며, 떠오르는 태양은 어둠을 밝히고 추위를 물리치면서 암흑과 추위에 얽매인 채 떨고있는 만물을 따사로운 품안으로 해방시키는 역할을 한다.

그래서 이러한 천명자는 불안과 공포에서 떨고있는 萬百姓(만백성)을 解放(해방)하고 救濟(구제)하는 衆生制度(중생제도)의 大任(대임)을 타고난 天賦的(천부적)인 爲政者(위정자)로서 後漢(후한)을 세운 光武帝(광무제)인 것이다.

<表 1-6> 天賦的 爲政者의 乾天命四柱盤

空亡	時柱		日柱		月柱		年柱		區分	
戌 亥	丙		甲		己		乙		天 干(天)	
	寅		子		丑		卯		地 支(地)	
	甲丙戊		癸◇壬		己辛癸		乙◇甲		地藏干(人)	
	爐中火		海中金		霹靂火		大溪水		納音五行	
三災	建祿		沐浴		冠帶		帝旺		十二運星	
巳午未	亡身 破軍殺		年 桃花殺		月 苦草殺		將星 文武兼全		十二神殺	
水體 火用 天命	73	63	53	43	33	23	13	3	歲	大運
	辛	壬	癸	甲	乙	丙	丁	戊	影響力	
	巳	午	未	申	酉	戌	亥	子	影響力	

2) 行運分析

23歲부터 시작되는 丙戌大運(병술대운)의 壬午년 28歲에는 時支의 寅과 함께 寅午戌火局(인오술화국)을 이루게 되기에 火用이 천지에 가득차있음인 것이다. 그래서 그는 豪族(호족)과 門族(문족)을

비롯하여 만인이 사방에서 호응하고 지원하여 한 나라를 가로채고 학정을 자행하는 王莽(왕망)을 무찌르게 하니 마침내 大勝(대승)을 거두고 後漢을 건국하기에 이른 것이다.

동방의 태양처럼 丙火의 用이 時上에 떠오르니 暗黑天下(암흑천하)에 빛·희망·용기·의욕을 뿜어내는 형국임이다. 만일 상기의 천명자가 甲子時이거나 乙丑時에 태어났다고 할 경우에는 時上에 丙火가 나타날 수가 없으므로 火用을 얻을 수가 없기에 그는 평생을 어둠과 추위에 떠는 貧賤(빈천)한 촌부에 지나지 않았을 것이다.

여기서 日干 甲木과 年上 乙木이 靑龍(청룡)이라면 時上의 丙火는 如意珠(여의주)와 같기 때문에 춥고 배고픈 暗黑凍土(암흑동토)에 太陽(태양)이 치솟음은 청룡이 여의주를 얻은 형국이므로 상기의 천명자에게 丙火가 用이고 命脈(명맥)인 것이다.

이렇게 時上에서 丙火를 얻음이니 時에서 解凍(해동)을 하고 回春(회춘)을 하여 起死回生(기사회생)을 하는 것이다. 즉 천명에서 時上의 소중함과 비중을 생생하게 느낄 수가 있음인 것이다.

그러나 비록 時上에서 丙火인 태양이 발생하였지만 用의 역량이 지극히 허약한 형국이므로 23세부터의 丙戌大運(병술대운)과 28세의 壬午歲運(세운)에서 寅午戌火局(인오술화국)을 형성함으로써 天地를 震動(진동)하는 大事(대사)를 일으켜 일약 天下大權(천하대권)을 掌握(장악)했다는 점은 인간의 運命은 大運과 歲運에서의 조화가 무상한 동시에 天命不如大運(천명불여대운)이라는 진리를 만천하에 밝혀줌이라 할 것이다.

이러한 大運과 歲運은 後天(후천)에서 맞이하는 우리들 人生의 航路(항로)이고 現實(현실)이다. 한편 天命의 쌌(芽)인 月柱(월주)에서 모든 것이 발생하고 뻗어가는 先天的(선천적)인 넝쿨로서의

大運은 天命의 枝葉(지엽)이고 分身인 것이다.

2. 最高統治者의 乾命實例 II

1) 體用과 行運

분석의 대상은 乾命(건명-남자)의 국가의 最高統治者(최고통치자)로 삶을 영위한 李承晚(이승만) 前大統領(전대통령)의 경우이다. 그의 천명은 1875년 2월 26일 子時生(자시생)이므로 〈表 1-7〉과 같은 天命四柱盤(천명사주반)으로 구성된다고 할 것이다.

이 사람의 천명은 月支가 卯木이므로 木이 왕성하고 金이 허약함이니 木이 體이고 金이 用이다. 즉 木體金用天命(목체금용천명)인 것이다. 그런데 時上에 庚金의 用이 나타나 있기는 하지만 혼자이기에 無氣力(무기력)하기가 그지없다. 즉 地支에서 亥卯半合木局(해묘반합목국)을 형성하면서 天干의 年上에서 乙木이 투출되어 나났으므로 體의 작용이 極盛(극성)인 천명이라고 할 것이다.

體는 군왕이고 用은 충성스러운 신하이다. 그러므로 體가 得局(득국)을 하게 되면 여러 군왕들이 떼를 지어서 왕권을 장악하고자 대립하고 싸우는 형국이기 때문에 이러한 천명자는 天賦的(천부적)인 政治家(정치가)로서의 氣質(기질)과 素質(소질)을 타고난 것이라고 분석할 수 있는 것이다.

政治(정치)는 싸우고 죽이며 빼앗는 것이 능사이므로 權謀術數(권모술수)에 능하고 비범하며 적을 제거하는데 능숙하고 잔인해야만 한다. 그러나 반대로 用이 많은 천명은 人情(인정)과 人心(인심)이 후하고 만인과 상부상조하기 때문에 싸우고 빼앗는 정치와 권모술수를 전혀 모르고 사는 인생이다.

그러나 이 사람의 경우처럼 體가 많은 천명은 無情(무정)하고 冷酷(냉혹)하며 만인을 상대로 싸우고 빼앗는 弱肉強食(약육강식)을 능사로 함이 특징인 것이다.

〈表 1-7〉 最高統治者 乾天命四柱盤(1875.2.26.子)

空亡	時柱		日柱		月柱		年柱		區分	
午 未	庚		丁		己		乙		天 干(天)	
	子		亥		卯		亥		地 支(地)	
	癸癸壬		壬甲戊		乙乙甲		壬甲戊		地藏干(人)	
	壁上土		屋上土		城頭土		山頭火		納音五行	
三災	絶		胎		病		胎		十二運星	
巳午未	年 桃花殺		地 驛馬類似		將星 文武兼全		地 驛馬類似		十二神殺	
木體 金用 天命	77	67	57	47	37	27	17	7	歲	大運
	辛	壬	癸	甲	乙	丙	丁	戊	影響力	
	未	申	酉	戌	亥	子	丑	寅	影響力	

2) 行運分析

상기의 천명자에게 用인 金은 방위상으로 西方(서방)에 위치하기에 고국인 東方(동방)에서는 설땅이 없는 격이므로 젊은 시절부터 西方世界(서방세계)로 亡命(망명)을 해서 조국의 獨立運動(독립운동)에 일생의 대부분을 바치는 운명이 된 것이다.

그는 用金에 해당하는 西方金 大運(서방금 대운)에 해당되는 申酉戌大運(신유술대운)인 47~76세에서 가장 많은 活躍(활약)과 頭

角(두각)을 나타냈던 것이다. 특히 壬申大運(임신대운)인 67~76세의 기간 중에서 金이 가장 왕성한 乙酉년인 1945년의 71세에 祖國(조국)의 8.15解放(해방)을 맞이하게 되었다.

그는 榮光(영광)의 歸國(귀국)을 하게 되었으며 그로부터 3년이 지난 74세의 노령에 用金이 가장 왕성한 1948년 8월 15일(戊子年/庚申月/壬申日)에 한국의 정계를 영도하는 初代大統領(초대대통령)으로서 취임하여 정권을 장악한 다음에 장장 12년간을 절대적인 군왕으로서 군림하면서 長期執權(장기집권)을 하였던 것이다.

상기의 천명자는 用의 세계인 서방으로 망명함으로써 어변성룡이 될 수 있었듯이 用의 대운에 귀국함으로써 꿈과 뜻을 이룩할 수가 있었다. 그러나 用의 대운은 77세에서 막을 내림이니 이는 天運(천운)이 끝났음을 암시하는 것이므로 만일 그가 천명에 밝았다면 이 시점에서 下野(하야)를 하고 여생을 즐기는 順天(순천)을 택했을 것이다.

그는 下野를 하는 대신에 直選制改憲(직선제개헌)을 강행하여 長期執權을 꾀하는 천부적인 權謀術數(권모술수)를 자행하였던 것이다. 順天者(순천자)는 흥하고 逆天者(역천자)는 망하는 하늘의 법도처럼 그 결과는 파란만장의 연속으로 처절한 파국과 파장으로 끝이 난 것이니 이는 모두가 天命의 造化이고 運命의 所致(소치)인 것이다.

이렇게 用에 의지하는 천명이기에 用이 득세를 하게 되면 하늘을 날게 되지만 用이 死地(사지)에 이르면 모든 것이 끝장이 되는 것이다. 예컨대 庚金은 12運星上으로 子에서 死(사)하기 때문에 庚子년(1960)은 用金이 바다속 깊이 가라앉는 太歲(태세)이다.

상기의 천명자는 庚子년에 바로 用金이 滄海(창해)에 沈沒(침몰)하면서 秋風落葉(추풍낙엽)처럼 비참하게 몰락하였던 것이니 이 얼마나 秋霜(추상)과도 같은 천명의 조화요 운명의 율법인가를 새롭게 느끼게 되는 것이다.

즉 1960년 4월 18일은 庚子년 庚辰월 丙子일로서 申子辰(신자진)의 三合水局(삼합수국)을 이루는 날의 高麗大事件(고려대사건)에 뒤를 이은 그 다음날인 4.19民主革命(민주혁명)으로 결국 그는 1960년 4월 28일에 下野를 하고서 추방되어 서방으로 다시 망명을 했는데 끝내는 고국에 돌아오지를 못하고서 타국에서 운명을 마감하게 되었던 것이다.

3) 六神中 偏印體天命

육신상으로 분석을 할 경우에 偏印(편인)은 눈치가 빠르고 臨機應變(임기응변)에 능하면서 無情(무정)하고 冷酷(냉혹)한 별이다. 그런데 상기의 천명자는 偏印이 食神을 난도질하는 倒食作用(도식작용)을 하는 동시에 偏印이 왕성하여 得局·得勢까지 하고 있어서 偏印이 體이고 군왕으로서 판을 치고 있는 형국이다.

이렇게 상기 천명자의 인생과 일생을 偏印이 주도하고 있었으니 그의 성품과 재간이 偏印一邊倒(편인일변도)였던 것이다. 즉 愛國(애국)·獨立運動(독립운동)을 하는데도 自己中心的(자기중심적)으로 임기응변과 권모술수가 비범했던 것이다.

편인은 무정한 계모처럼 야멸차기 때문에 사랑·덕성이라고는 눈꼽만큼도 없으며 육친의 덕이 야박하고 의식주가 후하지 못한 것이 특징이다. 그래서 편인일변도의 천명은 모든 것을 스스로 장만하고 이룩해야 하기 때문에 눈치와 재치가 천부적으로 타고난 재산의 전부인 것이다.

〈表 1-8〉 丁火日柱의 六神分類表

六神	陽干支		日干 陰干	陰干支		六神
正印	寅	甲	丁 火 日柱	乙	卯	偏印
劫財	巳	丙		丁	午	比肩
傷官	辰戌	戊		己	丑未	食神
正財	申	庚		辛	酉	偏財
正官	亥	壬		癸	子	偏官

이러한 偏印은 機先(기선)을 잡는데는 飛虎(비호)와 같지만 대중을 사로잡고 장악하는데는 능숙하지 못한 것이 흠이다. 즉 대중은 재치보다도 인심과 덕망을 원하고 따르기 때문이다.

상기의 천명자는 해방후의 난국을 수습하고 독립국을 세우는데는 결정적인 역할과 영도를 하였지만 집권하자마자 편인의 본성을 아낌없이 그대로 발휘를 해서 12년간을 독재와 권모술수로 일관하였던 것이다.

이렇게 편인은 包容(포용)·包攝(포섭)·寬容(관용)·雅量(아량)·妥協(타협)·容恕(용서)를 모르는 것이 본성이다. 그래서 상기의 천명자도 따르지 않은 자는 적대시하고 비판하는 자는 냉혹하게 제거했으니 이는 그가 망명생활 중에서 익혀온 인생관·철학이 아니고 그가 천부적으로 타고난 기질이고 체질이었던 것이다.

상기의 천명자는 12運星上으로 분석해 볼 경우에 時支에 絶(절)이 있으므로 子息(자식)과의 인연이 없어서 後嗣(후사)가 끊어짐을 암시하고 있다. 즉 日干의 丁火가 時支의 子水에 이름이니 이는 絶에 해당하는 것이다.

상기의 천명자는 자식을 하나도 얻지를 못하고서 80세가 넘어서 養子(양자)를 얻었지만 대를 잇는 後嗣가 될 수는 없었다. 바로 그

양자가 庚子년에 스스로 목숨을 끊은 것이니 역시 천명의 이치를 인간이 뛰어 넘을 수는 없는 이치인 것이다.

3. 最高統治者의 乾命實例 Ⅲ

1) 體用區分

분석의 대상은 乾命(건명－남자)의 한 국가의 最高統治者(최고통치자)로 삶을 영위한 朴正熙(박정희) 前大統領(전대통령)의 경우이다. 그의 천명은 1917년 9월 30일 寅時生(인시생)이므로 〈表 1－9〉와 같은 天命四柱盤(천명사주반)으로 구성된다고 할 것이다.

이 분의 천명은 月支가 亥水이므로 水가 왕성하고 火가 허약함이니 水가 體이고 火가 用이다. 즉 金水가 왕성하고 木火가 허약한 천명인 것이다. 그런데 年柱의 年上·年下에 用인 丁巳火가 있기 때문에 家門(가문)과 血統(혈통)이 좋은 편이다.

2) 行運分析과 天地合乙巳大運

상기의 천명자는 大運으로 관찰하여 분석을 하여 볼 경우에 西方金大運(서방금대운)에 해당하는 申酉戌(2~31세)의 30년 동안은 體의 大運이므로 어려움이 많았으며 능력은 있으나 기회를 얻지 못하니 어찌 답답하지 않겠는가? 그 답답함이 참으로 많은 천명의 소유자라고 할 것이다.

그러나 丁未大運(정미대운)인 32~41세에서는 用이 왕성하게 득세를 하므로 꿈과 뜻을 펼칠 수 있는 기회를 얻기 시작하였다고 할

〈表 1-9〉最高統治者 乾天命四柱盤(1917.9.30.寅)

空亡	時柱		日柱	月柱	年柱	區分	
子 丑	戊		庚	辛	丁	天 干(天)	
	寅		申	亥	巳	地 支(地)	
	甲丙戊		庚壬己戊	壬甲戊	丙庚戊	地藏干(人)	
	城頭土		石榴木	釵釧金	沙中金	納音五行	
三災	絶		建祿	病	長生	十二運星	
亥子丑	劫 絶星		亡身 破軍殺	驛馬 移動變動	地 驛馬類似	十二神殺	
水體 火用 天命	72	62	52	42	32	22	12	2	歲	大 運
	癸	甲	乙	丙	丁	戊	己	庚	影響力	
	卯	辰	巳	午	未	申	酉	戌	影響力	

것이다.

그리고 丙午大運(병오대운)인 42~51세에서는 午火의 用이 太陽(태양)처럼 하늘에 치솟아 얼어붙은 寒谷(한곡)을 완전히 解凍(해동)하기에 이르므로 45세가 되던 1961년 5월 16일(陰曆 1961년4월2일) 즉 辛丑년 癸巳월 己酉일에 5.16革命인 군사구테타를 일으켜서 마침내 大權(대권)을 장악하기에 이른 것이다.

한편 상기의 천명자에게 乙巳大運(52~61세)은 庚申日柱(경신일주)와 天地合(천지합)을 이루는 기간인 것이다. 天地合은 君臣和合(군신화합)이기 때문에 군신이 한자리에서 다정하게 술을 대작하고 허심탄회하게 회포를 푸는 형국이므로 상기의 천명자는 문자 그대로 천상천하 유아독존의 대통령으로 군림하고 천하를 호령하면서 절대적인 권세를 과시하는 기간이었다.

그러나 乙巳大運의 天地合의 기간은 造物主의 監視(감시)가 철저하고 審判(심판)이 준엄한 때이기에 만일 부정을 저지르거나 방심을 할 때에는 가차없이 심판이 내리치는 시기인 것이다. 그래서 天地合의 운에서는 군왕의 신임과 총애를 받는 최고의 기회이지만 반면에 신상에 부정이 있거나 허물이 발견되면 치명적인 橫厄(횡액)·災難(재난)·禍(화)을 당하는 위기인 것이다.

그런데 상기의 천명자에게 天地合의 기간중에 부정과 허물은 돈과 여인이므로 부당한 蓄財(축재)와 蓄妾(축첩)은 금물이었던 셈이다. 상기의 천명자에게 乙巳大運(52~61세)의 10년 동안은 문자 그대로 파란만장이었다고 해야 할 것이다.

즉 乙巳大運의 기간중에 甲寅년(1974년)은 天地冲을 이루는 해로서 配偶者(배우자)와의 離別(이별)을 암시하고 있는 것이다. 그래서 그해 1974년 8월 15일 경축일에 불의의 총격을 받아서 非命橫死(비명횡사)를 하고야 말았던 것이다.

이렇게 상기자의 천명은 이미 甲寅년의 喪配(상배)를 처음부터 明示(명시)하고 있음이니 인간만사는 모두가 조물주의 조화이고 정해진 천명임이니 실감하지 않을 수가 없음인 것이다. 즉 상기의 천명자는 日支와 時支間에 寅申冲을 가지고 있다.

이렇게 日支와 時支가 冲이 있게 되면 中年에 妻子(처자)와의 인연이 박하고 불우함을 암시하듯이 결국은 부부와 자녀 모두가 뜻하지 않은 생리사별의 비극을 면할 수 없었음인 것이다.

이렇게 그에게는 天地合大運(천지합대운)의 지긋지긋한 동굴에서 벗어나 고달픈 天地合大運의 監視(감시)와 審判(심판)을 받는 대단원의 막이 내려지기만 하면 되는 것처럼 보인다. 그러나 운명의 굴레는 냉혹하여 乙巳大運을 벗어나면 또한 用의 대운이 사라져서 상기의 천명자에게는 최고의 운기가 막을 내리게 된다는 점이다.

역시나 天地合을 이루는 乙巳大運을 마감하고 새로운 甲辰大運 (62~71세)을 맞이하기 불과 20일을 앞두고서 큰일이 발생되고야 마는 것이다. 즉 1979년 10월 26일(己未년 甲戌월 丙寅일)의 밤에 靑天霹靂(청천벽력)이 내려져 그는 처절한 최후를 맞이한 것이다. 10월 26일의 丙寅일은 상기의 천명자에게는 日柱인 庚申일과 天地 冲(천지충)을 이루는 날인 것이다.

冲은 박치기로 들이받고 충돌하는 衝(충)이 아니고 남녀가 알몸 으로 결합하는 화합할 冲(충)이기 때문에 미혼자에게는 혼인일로 즐겁고 경사스러운 연분의 날이 되는 날이다. 그러나 기혼자에게는 바람피우는 不貞(부정)을 의미하는 것인데 공교롭게도 그날 사건의 현장에는 꽃다운 여인이 있었고 冲의 화합이 무르익어 가는 과정이 었다고 역사는 기록하고 있는 것이다.

만일 당사자가 천명의 이치를 알았거나 천명에 능통한 보좌진이 있었다고 하면 운명에 치명적인 비극을 암시하는 天地冲日(천지충 일)에 절대적으로 禁忌事項(금기사항)인 화합의 酒宴(주연)은 베풀 지 않았을 것이다.

그리고 天地合을 이루고 있던 乙巳대운의 10년의 굴레를 벗는 解 脫(해탈)의 문턱에서 천지합의 멍에와 덫을 스스로 자청하는 천추 의 한이며 치명적인 실수를 저지르지는 않았을 것이다. 물론 천명분 석에 능통하다고 하여도 謹愼(근신)하고 懺悔(참회)하며 順應(순 응)할 따름이지 조물주의 율법에서 벗어날 수 없는 일이다.

그러나 天地合대운에 天地冲일인 그날만을 피하고 넘겼던들 상기 천명자의 운명과 한국사회의 모습이 지금과는 크게 달라졌을 것이 다. 어찌하여 天地合大運에 마지막 天地冲일을 酒宴日(주연일)로 택했었는가 하는 아쉬움이 태산과도 같지만 이것이 바로 천명이고 운명인 것이므로 어찌 할 수가 없는 자연의 율법인 셈이다.

3) 年上의 正官用天命

상기자의 천명은 年上에 正官(丁火)인 用이 있고 月上에 劫財(辛金)인 小體가 있으며 日支에 比肩(申金)인 小體가 있는데 日支와 時支가 寅申冲(인신충)을 이루고 있다.

우선 比劫(비겁)이 體일 경우에는 무정하기에 형제간의 덕이 후할 수 없듯이 日支인 申金도 小體이기 때문에 부부간의 금실도 뜨거울 수가 없음인 것이다. 그러나 남방의 火運에서는 金水가 오히려 用이 되기 때문에 형제와 부부사이가 달라지기 마련이다.

그리고 月上의 劫財는 같은 사람과 동료를 의미하는데 상기의 천명자는 水體이므로 比肩(金)이 小體가 되어서 西方金運(서방금운)에서는 만인이 무정하지만 南方火運(남방화운)에서는 金水가 用으로 바뀌기 때문에 比劫이 有情(유정)하고 다정하게 되어 만인이 상부상조하는 것이다.

따라서 상기의 천명자에게 1961년 辛丑年은 比劫의 해이다. 즉 상기인에게 辛金은 劫財로서 만인을 상징하고 陽刃(양인)으로서 武器(무기)를 상징함인데, 만인이 相助(상조)하고 武器가 有情(유정)하기 때문에 因人擧事(인인거사)를 하는 격이므로 武力(무력)으로 군사쿠테타에 성공할 수가 있었던 것이다.

한편 年柱는 國家(국가)와 君王(군왕), 즉 大統領(대통령)을 상징하고 月柱는 政府(정부)와 宰相(재상), 즉 國務總理(국무총리)을 상징하는데 이는 年은 최고의 위치고 月은 버금가는 위치이기 때문인 것이다.

年上에 正官이 있으면 국가의 두목인 군왕의 별인 것이고 月上에 正官이 있으면 정부의 두목인 재상의 별인 것이다. 상기의 천명자는 年上에 정관이 있으면서 동시에 그 정관이 用에 해당하므로 이는 국가의 最高一人者(최고일인자)가 될 수 있는 가능성을 암시하고 있는 것이다.

水體인 상기자는 南方火運인 巳午未大運의 32~61세에서는 正官이 得勢(득세)를 하고 왕성하지만 金이 무기력하기 때문에 혼자서는 官星을 감당할 수가 없음이고, 劫財는 같은 동료이고 무기(陽刃)이면서 用이 되기 때문에 같은 장병이 호응하여 무력으로서 정권을 강제로 빼앗는데 성공한 것이다.

南方火運에서는 金水가 유정하고 다정한 用의 역할을 하기 때문에 18년간 군부를 장악하고 武斷政治(무단정치)를 계속할 수가 있었던 것이지만 金水는 그 천성이 寒冷(한랭)하듯이 그의 무단정치는 시종일관 냉혹했던 것이다.

第4節 其他一般天命의 臨床分析

1. 乾命偏枯象者의 臨床分析

분석의 대상은 乾命(건명)으로 그의 천명은 1929년 4월 16일 巳時生(사시생)이므로 〈表 1-10〉과 같은 天命四柱盤으로 구성된다고 할 것이다. 이 사람의 천명은 月支가 巳이므로 火가 왕성하고 水가 허약함이니 火가 體이고 水가 用이다. 즉 火體水用天命(화체수용천명)인 것이다.

1) 中國命理學式의 天命分析

그런데 格局(격국)과 用神(용신)을 위주로 하는 中國命理學으로 상기의 천명을 분석하여 보면 다음과 같다. 중국사주학에서는 格局이 성립되면 完全無缺(완전무결)한 천명으로서 上格(상격)에 속한다고 판단한다. 그리고 印綬(인수)가 왕성하고 比劫(비겁)이 많으면 從強格(종강격)이기에 從格(종격)은 上格(상격) 중의 上格이라고 분석을 하고 있는 것이다.

〈表 1-10〉 乾命偏枯象者의 天命四柱盤(1929.4.16.巳)

空亡	時柱		日柱		月柱		年柱		區分	
戊	己		己		己		己		天 干(天)	
亥	巳		巳		巳		巳		地 支(地)	
	丙庚戊		丙庚戊		丙庚戊		丙庚戊		地藏干(人)	
	大林木		大林木		大林木		大林木		納音五行	
三災	帝旺		帝旺		帝旺		帝旺		十二運星	
亥子丑	地 驛馬類似		地 驛馬類似		地 驛馬類似		地 驛馬類似		十二神殺	
火體	76	66	56	46	36	26	16	6	歲	大運
水用	辛	壬	癸	甲	乙	丙	丁	戊	影響力	
天命	酉	戌	亥	子	丑	寅	卯	辰	影響力	

예컨대 상기의 천명과 같이 己巳년 己巳월 己巳일 己巳시는 순수하고 완벽한 從強格인데 이러한 천명은 십만분의 일에 하나가 있을까 말까하는 아주 高貴한 天命이라는 것이다.

즉 格局至上主義(격국지상주의)의 중국사주에서는 이러한 천명을 당연히 최고의 천명으로 손꼽기 때문에 중국명리학이 상기의 천명자에게 환상의 꿈에 빠지게 만든 것이다.

서울에서 명성이 자자한 원로의 한 사주대가가 천하의 부귀영화를 누릴 수 있는 최고의 천명이라고 단정을 하면서부터 상기의 천명자는 야망과 환상에 사로잡힌채 귀공자인양 허세를 부리기 시작한 것이다.

위와같은 분석이 格局萬能主義(격국만능주의)의 중국사주로서는 당연한 판단일지 모르지만 天命은 陰陽五行의 造化이고 作品인지라 격국과는 전혀 무관한 것이다. 만일 천명이 격국의 작품이라면 상기의 천명자는 모름지기 천하의 부귀영화를 누릴 수 있었고 또한 누렸어야 하지만 현실과 결과는 전혀 다르게 정반대로 나타났으니 전통적인 중국명리학으로서야 할 말이 없게 된 것이다.

2) 體用과 行運

상기의 천명은 月支가 巳火이므로 火가 왕성하고 水가 허약함이니 火가 體이고 水가 用인 것이다. 그런데 상기의 천명은 한 국가에 君王인 體가 4개나 있지만 臣下인 用은 하나도 없는 격이다.

無用으로 신하가 없는 군왕은 불로소득이 불가능하기 때문에 군왕 스스로가 일하고 생산하며 자급자족을 하지 않으면 않되는 四顧無親格(사고무친격)으로 의지가지가 아무도 없으니 평생동안 떠돌이로 살 수 밖에 없음인 것이다.

즉 상기의 천명은 여름철(巳月)태생인데 사방에 불길(火)이 치솟기만 하고 물(水)이라고는 이름자도 없으니 문자 그대로 뜨거운 白砂場(백사장)이고 끝없는 砂漠(사막)들 뿐인 것이다. 이렇게 사막에 태어난 인생은 운명도 또한 사막일 수 밖에 없음이니 무엇을 하여도 되는 일이 없고 열두가지 재주를 부려봐도 먹고 살기가 힘든 천명인 것이다.

砂漠(사막)에서 찾고 기다리는 것은 물이 흐르는 오아시스이므로 상기의 천명에 北方水運(북방수운)의 用이 나타나면 運數大通(운수 대통)할 것은 당연한 이치인 것이다. 그러나 상기의 천명은 北方水大運(북방수대운)에서도 신통한 변화가 없었으니 이는 조물주가 외면한 것이 아니라 사막에서는 물(水)이 나타날 수 없기 때문인 것이다.

이렇게 大運·歲運 등의 行運은 지나가는 行人(행인)인 나그네로서 천명과 습唱(합창)을 할 뿐이므로 본래의 천명에 물(水)이 없으면 물과의 인연이 전혀 없는 것이니 설사 물(水)의 行運을 맞이 한다고 하드래도 물은 결코 나타나지 않는 것이다. 즉 나그네가 물없는 사막을 외면하듯이 물의 行運도 역시 사막을 외면하는 이치인 것이다.

만일 천명의 天干과 地支의 어디에 한방울의 물이라도 있었다고 한다면 사정은 크게 달라졌을 것이다. 예컨대 물이 조금이라도 있으면 이는 가물거나 메마를 뿐이지 사막은 아니기 때문이다. 예컨대 물(水)의 行運에서는 큰비가 내리고 강에 물이 흐르기에 가뭄이 든 땅은 이내 곧 윤택해져서 옥토가 된다.

3) 峻嚴한 陰陽律法

상기의 천명과 같이 불(火)만 있고 물(水)이 없거나 반대로 물(水)만 있고 불(火)이 없는 경우를 偏枯象(편고상)이라고 한다. 상기 천명과 같이 불(火)만 있고 물(水)이 없는 편고상은 말라죽은 고

목나무와 같은 격이기 때문에 봄이 되어도 싹이 트이지를 못하듯이 세월이 가도 조화가 없는 인생인 것이다.

천명에 군왕인 體가 4개로서 군왕은 정치가 본업이기 때문에 상기의 천명자는 10대부터 정치에 뜻을 두고서 장차 대통령이 되겠다고 기고만장하였고 국회의원에 출마를 하였으나 형편없이 떨어졌으니 이는 백사장에서 장미꽃이 피어날 수가 없는 이치와 같음이다.

상기의 천명자는 두 다리중에서 한쪽 다리만 가지고 있는 격이니 평생을 절름발이로 살 수 밖에 없는 인생이었다. 그리고 體가 滿盤(만반)에 널려있어 만인이 적이고 무정하며 성격은 고집이 강하고 유아독존이며 안하무인격인 전형적인 편고의 천명인 것이다. 사막에서는 초목이 자라지 못하듯이 신체에 머리카락이 극소하니 소수의 머리카락으로 대머리를 이리저리 가리는 것이 이발의 전부일 수 밖에 없는 인생이었던 것이다.

특히 천명에 水가 전무함이니 이는 腎水(신수)가 극도로 허약하기에 부부생활이 정상일 수는 없는 것이고 그래서 많은 여성을 상대하였지만 이는 생활의 수단에 지나지 않았을 뿐이고 결혼은 하였었지만 오래가지를 못하였던 것이다.

이렇게 불바다를 만들어 놓고서 물한방울을 주지 않은 기구한 천명이 상기의 천명이듯이 조물주는 인정사정이 없는 것이다. 이렇게 偏枯者(편고자)의 천명에게는 千辛萬苦(천신만고)의 수난·고통·슬픔만을 강요하는 것이니 천상천하에서 가장 무서운 것이 음양의 율법인 것이다.

2. 乾命財旺身弱者의 臨床分析

1) 體用區分

분석의 대상은 乾命(건명)으로 그의 천명은 1963년 2월 13일 午時生(오시생)이므로 〈표 1-11〉과 같은 天命四柱盤으로 구성된다고 할 것이다. 이 사람의 천명은 月支가 卯木이므로 木이 왕성하고 金이 허약함이니 木이 體이고 金이 用이다. 즉 木體金用天命(목체금용천명)인 것이다.

그런데 이 사람의 천명은 日干에 庚金의 用이 있으니 宰相이 지극히 현명하고 충실함이다. 그러나 이 사람의 천명은 六神上 財星이 木이고 食神傷官이 水이므로, 財星이 體로서 왕성함이고 日干의 用인 庚金은 絶胎(절태)로서 극도로 허약한 身弱(신약)한 천명인 것이다.

〈표 1-11〉 乾命財旺身弱者의 天命四柱盤(1963.2.13.午)

空亡	時柱		日柱		月柱		年柱		區分	
寅 卯	壬		庚		乙		癸		天 干(天)	
	午		戌		卯		卯		地 支(地)	
	丁己丙		戊丁辛		乙乙甲		乙乙甲		地藏干(人)	
	楊柳木		釵釧金		大溪水		金箔金		納音五行	
三災	沐浴		衰		胎		胎		十二運星	
巳午未	六害 疾病障碍		天 天災殃		將星 文武兼全		將星 文武兼全		十二神殺	
木體 金用 天命	73	63	53	43	33	23	13	3	歲	大運
	丁	戊	己	庚	辛	壬	癸	甲	影響力	
	未	申	酉	戌	亥	子	丑	寅	影響力	

2) 財旺身弱天命의 救濟者는 比劫과 印星

　日干(일간)은 船舶(선박)·車輛(차량)이고 財星(재성)은 貨物(화물)이므로 짐이나 일거리인 셈이다. 그런데 상기의 천명은 財星의 木이 왕성하고 日干의 庚金이 虛弱(허약)한 격이므로 붕어낚시로 고래를 낚음이고 10톤 차량에 100톤의 화물을 적재하고 있는 경우와 같은 이치인 것이다.

　이렇게 스스로가 갖고 있는 능력 이상의 많은 화물을 감당해 내려면 보다 많은 차량들이 있어야만 하는데 同種類(동종류)의 차량을 比肩劫財(비견겁재)라고 한다. 즉 같은 낚시꾼들이 동서에서 모여들어 도우면 무거운 고래도 거뜬히 잡아서 끌어올릴 수 있는 것처럼 日干의 좌우에 比劫(비겁)이 가득하게 되면 어떠한 짐이라도 무난히 처리할 수 있게 되는 것이다.

　그래서 日干의 左右에 比劫이 많은 천명이 貨物(화물)을 다루면 萬金을 벌어 天下의 巨富가 될 수 있음이니 이를 因人成富(인인성부)라고 한다. 이렇게 만인이 貨主(화주)의 옆에 모여서 힘써 도와주는 것은 화주의 인심이 후하여 생기는 것이 많기 때문이다.

　조물주가 부처님이었다면 모두를 그러한 천명으로 창조했겠지만 실제로 그러한 천명은 만분의 일의 확률도 없으니 그만큼 造物主(조물주)는 非情(비정)하고 冷酷(냉혹)하여 鹽田(염전)의 소금보다도 짜고 吝嗇(인색)한 것이다.

　예컨대 10톤 차량에 100톤의 화물을 적재하고 있다면 그 차는 움직일 수가 없음인데 만일 움직였다면 그 차량은 박살이 나고 말 것이다. 그래서 이러한 경우에 가장 아쉬운 것은 貨物(화물)을 나눠싣고 나눠질 수 있는 比劫(비겁), 즉 다른 차량과 짐꾼들이 필요한 것이고 또한 比劫을 먹이고 살찌우면서 차량을 붙잡아 놓는 브레이크 역할을 하는 印星이 필요한 것이다.

六神상 印星은 어머니의 손목이요 赤信號(적신호)의 별이기 때문에 자기능력 이상의 무거운 짐을 싣고서 危險千萬(위험천만)의 상태에 있는 차량에게는 브레이크의 역할을 하는 印星이 최고의 安全裝置(안전장치)인 셈이다.

그러나 日干이 老衰(노쇠)하거나 무거운 짐을 지고 있다면 危機(위기)에 직면한 重患者(중환자)의 처지이기 때문에 움직이고 달리는 靑信號(청신호)는 죽음과 파멸의 명령이고 강요인 것이니 가장 두려워하는 것이다. 그래서 財旺(재왕)하고 身弱(신약)한 천명을 救濟(구제)할 수 있는 것은 오로지 印星과 比劫인 것이다.

그러나 財旺하고 身弱한 상기의 천명은 극도로 허약한 日干의 좌우에 있는 것이 食傷과 財星이다. 이러할 경우에는 한치도 움직일 수 없을 뿐만이 아니라 움직였다고 하면 끝장이 나는 상황인 것이다.

이렇게 자기자신이 감당해 낼 수 없는 천근만근의 무거운 짐을 지고서 다리를 후들후들 떨고 있는 기진맥진의 중환자에게 당장 움직이고 달리라는 靑信號(청신호)인 食傷과 함께 黃金인 財星을 흔들어 보이면서 빨리 달리게 하는 욕심을 폭발시킴은 무정하기 보다도 냉혹하고 살인적인 강요이고 명령인 것이다.

3) 財旺身弱天命이 食傷滿發하면 天才

造物主가 달리고 뛰라면 그렇게 할 수밖에 없는 것이 인간의 천명이다. 그러나 氣盡脈盡(기진맥진)한 重患者(중환자)의 경우에 발휘할 수 있는 것은 頭腦(두뇌)뿐이므로 財旺身弱天命(재왕신약천명)

에 食傷滿發(식상만발)하게 되면 태어나면서부터 머리가 움직이고 頭腦神經(두뇌신경)이 발달하기 때문에 정신이 聰明(총명)하고 비범한 天才(천재)가 되는 것이다.

그래서 財旺身弱하면서 食傷이 만발한 상기의 천명은 典型的(전형적)인 天才였던 것이다. 그런데 육체의 부산물이자 꽃이 바로 정신인 것이다. 육체의 부산물인 꽃(花－精神)은 나무(木－肉身)가 자라서 성장한 연후에 피는 것이 정상적인 것인데 나무가 자라기도 전에 꽃이 만발하면 나무는 시들고 병이 들기 마련인 것이다.

그리고 꽃(花)은 나무의 생명인 水分(수분)의 造化이므로 나무가 먹고 사는 수분을 꽃으로 모두 발산하면 나무는 기진맥진해서 시들 수밖에 없는 이치와 같은 것이다. 한편 정신은 두뇌에서 발생하고 두뇌는 정력과 피를 먹고 산다. 즉 정력과 피는 육신이 먹고 사는 생명의 원천이기도 한 것이다. 어린이는 육신이 어리고 미완성이듯이 정력과 피도 또한 연약하고 부족하므로 모든 것이 성장하는데 집중적으로 투입되어야만 한다.

그럼에도 불구하고 상기의 천명자는 머리와 두뇌를 과도하게 사용하여 정력과 피를 과도하게 소모하기 때문에 육신이 허약해지고 성장에 장애를 일으키게 되었던 것이다. 상기의 천명자를 천재로 유도한 것은 食傷(年上癸水와 時上壬水)과 財星(月支卯木)이다.

즉 年上은 아버지이고 月支는 어머니이며 時上은 사회대중(TV)이므로 상기의 천명을 천재가 되도록 계발하고 적극적으로 주도한 것이 부모였으며 TV와 사회대중이었던 것이다.

실제로 상기의 천명자는 아주 어린 나이에 글을 읽고 외국어까지 능통했기 때문에 世紀的(세기적)인 天才兒(천재아)로 등장하게 되었다. 그리고 부모는 TV매체와 손을 잡고서 자기의 아들이 천재아

임을 온 천지에 자랑하고 찬양하기에 온갖 정렬을 쏟아 부었다. 세상이 놀라고 감탄하며 격찬했지만 그는 神이 아니고 人間이었기 때문에 결과는 뻔했던 것이다.

幼少年期(유소년기)의 어린 나이임에도 불구하고 精力(정력)의 無理(무리)하고 過多(과다)한 消耗(소모)와 支出(지출)이 성장을 멈추게 했을 뿐만 아니라 생명 자체를 파괴하고 파멸시킨다는 사실을 몰랐던 것이다. 그래서 상기의 천명자는 아주 어린 나이에 비정상적인 老化現象(노화현상)이 나타나고 무기력한 상태에 빠져서 손쓸 겨를이 없이 이미 때가 늦은 것이었다.

세상은 천재아의 멋진 연기를 계속 요구하였지만 그 천재는 그렇게 하루 아침에 허무하게 무너져 내렸고 세상에서 모습을 감추게 되었던 것이다. 부모는 천재아이가 외국에서 천재교육을 받고 있기 때문에 TV에 나타날 수가 없다고 하였지만 사실은 그 아이는 집안에 숨어있었던 것이다. 그는 오랜 세월을 중환자처럼 숨어서 살아야 했으니 天才가 아닌 부모의 욕심과 극성이 만들어 내고 초래한 人災(인재)에 시달린 것이다.

4) 身旺天命의 必需要件은 食傷과 財星

六神상 움직이고 달리는 青信號(청신호)의 별이 食神傷官(식신상관)이다. 日干이 旺盛(왕성)하면 日干이 天下壯士(천하장사)이기 때문에 청신호를 반기고 기뻐한다. 食傷은 달리고 움직이려는 運行(운행)의 청신호이고 財星은 손님(客)이고 貨物(화물)이며 일거리인 것이다.

그래서 食傷만 있고 財星이 없으면 손님없는 빈차이기에 의욕이

없으므로 달리지를 않는다. 그러나 만일 食傷과 財星이 같이 있으면
차도 있고 손님을 얻은 격이니 의욕이 치솟아 최고속도로 달리게 되
는 것이다. 그래서 身旺한 천하장사가 식상과 재성을 얻으면 평생을
의욕적으로 뛰어 엄청난 치부를 하여 巨富가 될 수 있음인 것이다.

3. 坤命財旺身弱者의 臨床分析

1) 體用區分

분석의 대상은 坤命(건명)의 天皇國皇妃(천황국황비)의 경우로
그는 〈表 1-12〉와 같은 天命四柱盤으로 구성된다.

이 사람의 천명은 月支가 戌金이므로 水氣가 가장 허약하고 건조
한 절기이기 때문에 金이 왕성하고 木이 허약함이니 金이 體이고 木

〈表 1-12〉 坤命財旺身弱者의 天命四柱盤

空亡	時柱		日柱		月柱		年柱		區分	
戌 亥	戊		甲		甲		甲		天　干(天)	
	辰		子		戌		戌		地　支(地)	
	戊癸乙		癸◇壬		戊丁辛		戊丁辛		地藏干(人)	
	大林木		海中金		山頭火		山頭火		納音五行	
三災	衰		沐浴		養		養		十二運星	
申酉戌	月 苦草殺		災 囚獄殺		華蓋 花方席		華蓋 花方席		十二神殺	
金體 木用 天命	73 丙 寅	63 丁 卯	53 戊 辰	43 己 巳	33 庚 午	23 辛 未	13 壬 申	3 癸 酉	歲 影響力 影響力	大 運

이 用이다. 즉 金體木用天命(금체목용천명)인 것이다.

그리고 이 사람의 천명은 月支에 財星이 있으니 財旺身弱(재왕신약)하여 잉어낚시로 고래를 낚은 형국이기 때문에 혼자서는 불가능하지만 만인이 협조하면 능히 낚을 수가 있는 천명인 것이다.

2) 財旺身弱天命의 必需要件은 比劫用

상기 천명자의 本命은 甲木으로 木이 用이면서 木인 比劫이 年上과 月上에 즐비하게 나타나 있다. 比劫은 사람이므로 比劫이 많으면 萬人이 나타나서 무리를 형성하고 있는 형국인 것이다. 이러한 比劫이 用이면 충성스러운 꿀벌들이 사방에서 집결한 것이므로 어디를 가나 支援者(지원자)가 나타나고 무엇을 해도 萬人이 呼應(호응)하고 힘을 써서 도와 준다.

그러나 반대로 比劫이 體일 경우에는 군왕이 난립하여 대립한 격이므로 相爭殺傷(상쟁살상)을 하는 禽獸亂鬪(금수난투)가 필연적이므로 因人敗事(인인패사)를 하고 破産(파산)·失權(실권)·破滅(파멸)하며 非命橫死(비명횡사)하는 천명이 되는 것이다.

상기의 천명자는 女子로서 本命은 甲木으로 木이 用이면서 木인 比劫이 年月柱에 즐비하게 나타나 있는 경우이다. 여자의 경우에 있어서 比劫은 같은 主婦(주부)인 셈이므로 比劫이 나타나면 한 가정에 주부가 여러명인 경우이므로 하나의 男便을 놓고서 여러 여성들이 경쟁하는 형국인 것이다.

그런데 比劫이 體가 되면 진짜 王妃(왕비)는 日干이고 나머지의 比劫들은 男便을 가로채고 빼앗아 도둑질을 하려는 가짜 왕비들이기에 王妃의 자리를 놓고서 骨肉相爭(골육상쟁)의 悲劇(비극)이 펼

생동안 계속되는 것이다.

그러나 반대로 比劫이 用이 되면 같은 여성이지만 왕비자리를 다투는 妖魔(요마)가 아니고 왕비를 하늘처럼 섬기고 공경하는 충실하고 현명한 侍女(시녀)들인 것이므로 수많은 시녀를 거느린 귀한 여성으로서 많은 여성들이 부러워하고 존경하는 天下第一(천하제일)의 여성으로서 天皇國皇妃(천황국황비)의 천명이 아니었겠는가?

金體에게는 木이 用인 동시에 木을 生해 주는 水가 命脈(명맥)이므로 水를 얻은 木은 生木이지만 水를 얻지 못한 木은 死木과 같음이다. 그런데 상기 천명자의 月支는 戌月(술월)의 늦가을로서 水氣가 가장 허약하고 乾燥(건조)한 節氣이므로 年月日天干(연월일천간)의 三甲木 모두가 시들고 마른 枯木(고목)으로써 生氣가 없지만 다행히도 日支에 子水가 있고 時支에 辰이 있어서 子辰水局을 형성하기에 물고기가 연못을 만난 격으로 천지가 潤澤(윤택)하고 만물이 무성하니 三甲木이 거대한 樹木(수목)으로써 天下名山(천하명산)을 이루고 있는 것이다.

日支는 配偶者(배우자)이고 時柱는 子女宮(자녀궁)인데 日支에 用이 있으니 세상에서 가장 賢明(현명)하고 멋진 男便을 얻음이고 時柱에 用이 있으니 子女들 또한 착하고 현명함이니 이는 하늘이 언약하고 보장한 것으로 상기의 천명자는 출생하면서부터 貴命(귀명)이라고 할 것이다.

그러나 中國命理學에서 甲木은 子에서 沐浴(목욕)·桃花殺(도화살)이 되는데 이러한 桃花殺이 月支나 日支에 있게 되면 바람둥이로서 妓生(기생)이 아니면 妾運命(첩운명)을 면할 수가 없다고 하여 禁忌視(금기시)하였지만 상기의 천명자는 至尊(지존)하신 皇室(황실)의 太子妃(태자비)로 揀擇(간택)되었고 만인의 사랑과 부러움과 존경을 오랫동안 받아 왔고 결국에는 皇妃(황비)가 되어서 최고의 여성으로서 군림하였던 것이다.

즉 中國命理學의 鬼神(귀신) 타령의 神殺論이 眞理라면 상기의 천명자는 기생이나 첩이 되어야 했지만 태자비와 황비가 되었음이니 신살론의 虛構性(허구성)이 잘 드러난 한 예라 할 것이다.

4. 乾命身旺者의 臨床分析

1) 體用區分과 財官運分析

분석의 대상은 乾命(건명)으로 그의 천명은 1909년 5월 18일 辰時生(진시생)이므로 〈표 1-13〉과 같은 天命四柱盤으로 구성된다고 할 것이다.

〈表 1-13〉 乾命身旺者의 天命四柱盤(1909.5.18.辰)

空亡	時柱		日柱		月柱		年柱		區分	
戊 亥	壬		丙		庚		己		天 干(天)	
	辰		寅		午		酉		地 支(地)	
	戊癸乙		甲丙戊		丁己丙		庚壬己戊		地藏干(人)	
	長流水		爐中火		路傍土		大驛土		納音五行	
三災	冠帶		長生		帝旺		死		十二運星	
巳午未	天 天災殃		劫 絶星		年 桃花殺		將星 文武兼全		十二神殺	
火體 水用 天命	80	70	60	50	40	30	20	10	歲	大運
	壬 戊	癸 亥	甲 子	乙 丑	丙 寅	丁 卯	戊 辰	己 巳	影響力 影響力	

이 사람의 천명은 月支가 午火이므로 火가 왕성하고 水가 허약함이니 火가 體이고 水가 用이다. 즉 火體水用天命(화체수용천명)인 것이다.

상기의 천명은 身旺하므로 寸無人德(촌무인덕)으로 自手成家(자수성가)할 수 있는 운명이다. 차량의 적재중량은 100톤인데 화물이 10톤 밖에 안되므로 가만히 있을 수가 없기에 어디든지 뛰어가서 손님과 화물을 찾아야만 한다. 靑信號인 傷官(己土)과 貨物인 財星(庚金)이 나타났으니 처음부터 길이 열리고 재능을 마음껏 발휘할 수가 있음이다.

傷官의 性情이 頭腦非常(두뇌비상)함이지만 上司(상사)를 恭敬(공경)하지 않고 萬事不平(만사불평)이 많으며 批判的(비판적)이다. 그러나 傷官이 財星을 만나면 뛰는 만큼 돈을 벌 수 있기 때문에 두뇌회전이 더욱 빨라지고 신나게 돌아가는 것이다.

상기의 천명자는 言論界(언론계)에서 비판적인 상관의 기질을 마음껏 발휘를 하였다. 職業宮(직업궁)인 時上의 偏官(壬水)은 武官(무관)·言論(언론)·搜査官(수사관) 등이 天職(천직)·敵性(적성)이므로 言論界統(언론계통)의 職業選擇(직업선택)은 傷官보다는 時上에 있는 偏官이 택한 천직이라 할 것이다.

이렇게 상기의 천명자에게 있어서 時上의 壬水는 六神상으로는 偏官이지만 陰陽상에서는 物質에 속한다. 그런데 偏官이 用이면 벼슬과 출세에 능하고 陰인 物質이 用이면 재물과 치부에 능하게 된다. 상기의 천명자는 時上의 壬水가 동시에 偏官(편관)·用(용)·物質(물질)이므로 두 가지에 모두 능했던 것이다.

그래서 그는 언론으로 출세를 하는 동시에 야산을 개척하고 축산을 개발해서 많은 치부를 할 수 있었고 적수공권으로 自手成家(자수성가)를 하여 小富小貴를 이룩했던 것이다.

身旺者는 財官을 기뻐하는데 財星은 婦人이고 官星은 男便에 속한다. 즉 성숙한 장정은 결혼할 능력이 풍부하기 때문에 재성인 부인과 관성인 남편을 맞이하는 것이 당연하고 기쁜 일인 것이다. 그러나 남편과 아내가 서로 다르듯이 재성은 富를 생산하지만 관성은 貴를 생산한다.

身旺하면서 관성이 허약하면 재성이 用이 되는데 벼슬을 하려면 돈이 있어야 하듯이 財生官(재생관)하기 때문인 것이다. 그러나 관성은 山이요 벼슬이지만 재성은 바다(海)이고 돈주머니로서 두 가지를 겸하기는 어려운 것이다.

상기의 천명자는 傷官(己土-靑信號)과 財星(庚金-貨物)이 함께 있음이니 화물을 가득 싣고서 최고의 속도로 달리는 상황이므로 많은 돈을 벌 수 있기에 의욕이 대단함이다. 차량운행거리와 기름소모량은 정비례되지만 무거운 중량의 화물을 싣고 운행하면 기름소모량이 많은 만큼 연료가 쉽게 떨어지게 되는 법이다.

2) 身旺者天命의 必需要件은 印星

食傷·財星이 있으면서 印星이 함께있다면 기름공급이 보장되기 때문에 무제한 운행이 가능하고 高山(官星)에도 무난히 오를 수가 있기에 富貴를 능히 겸할 수가 있는 것이다. 그러나 食傷·財星은 있으나 印星이 없으면 화물을 싣고 달림에 그 限界(한계)가 있음이요 평지는 달릴 수가 있으나 高山에는 오를 수가 없음인 것이다.

이는 바다에서 잡은 고기를 싣고서 水産市場(수산시장)이 아닌 泰山(태산)으로 오르는 격인데 山에는 白虎와 같은 山賊(산적)들이

노략질을 일삼고 있는 곳이다.

그래서 상기의 천명자가 비록 身旺하지만 印星이 없으므로 傷官
生財(상관생재) 이상의 활동은 불가능했던 것이다. 造物主가 傷官
·財星·官星을 나란히 나타나게 한 것은 黃金(財星)을 싣고서 山賊
(官星)을 향해서 달리게(傷官) 한 것이니 官星은 명백한 陷穽(함
정)·墓庫(묘고)인 무덤인 셈이다. 물론 타고난 官星인 山賊(산적)을
피할 수는 없지만 상기의 천명자가 자신의 천명에 밝았다고 한다면
산적인 官星을 향해서 겁없이 달리지는 않았을 것이다.

산적들이 모든 行人을 迫害(박해)하고 金品을 喝取(갈취)하는 것
만은 아니다. 산적들은 보따리가 없는 행인은 거들떠 보지도 않음이
니 財星인 財物이 없는 행인은 官星인 산적과는 무관한 것이다.

그러나 보따리가 있는 행인의 경우에는 산적들이 당장 보따리를
내놓으라고 호령을 할 것이고 이에 순순히 응하면 재물만 빼앗고 사
람은 건드리지 않지만 만약에 불응하거나 반항을 하게 되면 가차없
이 심한 暴行(폭행)과 强奪(강탈)로 이어지니 돈 잃고 생명까지 잃
게 되는 것이다.

그래서 高山(官星)에 오르는데는 財物이 災難(재난)의 근원이 되
는 것이다. 따라서 재성과 관성이 같이 있으면 하나만을 택해야 한
다. 즉 재성을 택하면 관성을 외면해야 하고 관성을 택하면 재성을
외면해야만 하는 것이다. 재성이 관성을 보면 관성으로 同化하기 때
문에 재물을 외면하고 명예와 관직을 택하는 것이 순리요 순천이지
만 재물을 포기한다는 것이 그렇게 쉬운 일은 아니다.

상기의 천명자는 甲子大運(갑자대운)에서 官星(子中壬癸水)이 왕
성하고 子辰水局(자진수국)을 형성해서 官星인 水가 得勢를 하는
형국이 되므로 用水가 體水로 바뀌게 되는 것이다. 즉 甲子大運에서

는 用水의 관성이 體水의 관성으로 바뀌어 버린 것이다.

예컨대 젊어서는 아버지가 관성이고 늙어서는 자식이 관성이기 때문에 육신상 관성은 父(아버지)·子(자식)·夫(지아비)에 해당한다.

관성인 아들(子)이 體가 되면 반드시 行動上(행동상)·財物上(재물상)에 문제를 일으키기 쉬운데 甲子大運중의 壬子年의 64歲 때에 외아들이 아버지 몰래 재산을 훔쳐내는 문제를 일으켰던 것이고 또한 누이와 합세해서 아버지를 죽이려다 殺人未遂(살인미수)에 그치게 되었던 것이다. 즉 관성이 用이면 자식이 부모의 재산을 보호하지만, 관성이 體로 변하여 凶星이 되면 반드시 부자간에 무정하고 자식을 미워하게 되므로 자식이 부모의 재물을 겁탈하는 산적역할을 하게 되는 것이다.

5. 乾命 體滿發 身旺者의 臨床分析

1) 體用區分

분석의 대상은 乾命(건명)으로 그의 천명은 〈表 1-14〉와 같은 天命四柱盤으로 구성된다고 할 것이다.

이 사람의 천명은 月支가 子水이므로 水가 왕성하고 火가 허약함이니 水가 體이고 火가 用이다. 즉 水體火用天命(수체화용천명)인 것이다.

그런데 이 사람의 천명은 身旺天命(신왕천명)으로 體가 난립하고 申子水局(신자수국)까지 형성하고 있음이니 體의 천하로서 體가 만발이요 극성의 극치를 이루고 있음인 것이다. 그리고 천명상 用이 하나도 없으니 萬人이 적일뿐이며 의지할 곳이 전무함인 것이다.

〈表 1-14〉 乾命體晩發身旺者의 天命四柱盤

空亡	時柱		日柱		月柱		年柱		區分	
戊 亥	庚		壬		壬		壬		天 干(天)	
	子		申		子		申		地 支(地)	
	癸◇壬		庚壬戊己		癸◇壬		庚壬戊己		地藏干(人)	
	壁上土		劍鋒金		桑石木		劍鋒金		納音五行	
三災	帝旺		長生		帝旺		長生		十二運星	
寅卯辰	將星 文武兼全		地 驛馬類似		將星 文武兼全		地 驛馬類似		十二神殺	
	80	70	60	50	40	30	20	10	歲	大運
	庚	己	戊	丁	丙	乙	甲	癸	影響力	
	申	未	午	巳	辰	卯	寅	丑	影響力	

즉 無用偏枯天命(무용편고천명)인 것이다. 이렇게 體가 만발하여 있음이니 모두가 군왕이요 영웅으로써 나라와 국권을 장악하려고 눈만 뜨면 싸우고 죽이며 빼앗는 鬪爭(투쟁)과 殺傷(살상)만을 능사로하는 천명인 것이다.

2) 中國命理學的 分析의 誤謬

중국명리학적 측면에서 상기의 천명을 분석한다면 水일색으로서 水局을 형성하고 있으므로 一行得氣格(일행득기격)인 潤下格(윤하격)·最高格(최고격)으로 높이 평가함이 일반적인 것이다. 즉 천하의 부귀영화를 누릴 수 있는 天下一品(천하일품)의 천명으로 분석되는 것이다.

만일 格局用神論이 진리라고 한다면 상기 천명자는 출생부터 호

의호식하는 貴公子(귀공자)로서 평생동안 부귀영화를 누리고 즐겼어야만 하는 것이다.

그러나 그는 출생부터 부모는 가난하고 무능했으며 부모가 일찍 세상을 하직함으로 인해서 의지할 곳이 전무한 四顧無親(사고무친)의 孤兒(고아)가 되었던 것이고 그래서 발길이 닿는데로 동서남북으로 떠돌아 다녀야만 했던 것이다.

3) 出生以後 癸丑·甲寅·乙卯大運臨床

천명에 體와 用이 함께있으면 천하를 정복하려는 정치적인 야망이 대단함이 특징이다. 그러나 體만 있고 用이 없으면 싸움을 하드래도 知能的(지능적)·野心的(야심적)이지를 못하고 本能的(본능적)·野性的(야성적)으로만 덤비는 性情을 갖는 것이 특징이다.

그래서 상기자는 힘을 위주로 두목을 다투는 體育(체육)의 王子(왕자)로 군림하는 것이 꿈이 었기에 이마로 돌을 깨는 氣合術(기합술)에 능했던 것이다.

속세에서는 富貴가 기본이고 제일이기에 부귀와 인연이 없고 사고무친인 상기의 천명자에게는 속세에서 살 수가 없음이기에 그가 의지할 수 있는 곳은 대자대비한 부처님 뿐인 것이다.

즉 속세를 떠나 出家(출가)를 하는 중팔자란 바로 속세와 인연이 없는 팔자인 것이므로 入山修道(입산수도)와 佛道精進(불도정진)을 하게 되면 마침내 타고난 온갖 수난과 시련을 극복할 수가 있는 법이다. 그래서 상기자는 寺刹(사찰)을 즐겨 찾았는데 수행정진을 위해서가 아니라 공밥을 얻어 먹기 위함이었다.

만일 그의 천명에 用이 한점이라도 있었다고 한다면 수행정진을 통해서 大道僧(대도승)이 되었을지도 모를 일이다. 천명에 用이 없으면 無用之物(무용지물)이듯이 그는 사찰에서도 무용지물의 食客(식객)에 불과했던 것이고 식대를 요구하는 住持(주지)를 기합술을 과시하면서 위협했던 것이다.

4) 40歲丙辰大運臨床

그는 40歲의 丙辰大運(병진대운)에서 偏財가 나타나니 俗世로 돌아왔다. 그러나 財星은 돈과 여성이지만 그에게 돈이 나타날리는 없음이고 그가 총각이었기에 돈대신에 처녀가 나타났던 것이다.

그의 천명상 만발한 水는 精力(정력)과 知慧(지혜)의 심볼이기에 그는 기막힌 정력과 지능을 타고난 것이다. 또한 水는 밤과 도적을 상징하기에 무장한 밤도적인 玄武(현무)였으므로 그의 지능은 뛰어났지만 사냥꾼처럼 숨어서 남의 것을 가로채는 잔인하고 본능적인 모사와 술수가 기본적인 성정인 것이다.

그는 결혼을 빙자해서 일년동안 푸짐하고 융숭한 대접을 받았으나 막상 결혼날을 맞이하자 바람처럼 사라졌고 예식장에서 기다리던 신부는 기절하고야 말았던 것이다.

이때부터 그는 여성사냥을 즐기면서 숱한 여성을 울리고 괴롭혔는데 결혼을 빙자해서 몸과 돈을 낚은 다음에는 여자를 헌신짝처럼 내동댕이쳤다. 그리고 남성에게도 안면만 있으면 재물을 닥치는 대로 뜯어내고 집어삼키는 일들이 다반사였던 것이다. 이렇게 그는 지극히 치사하고 교활하며 지능적인 도적이였는데 이는 그의 천부적인 천명의 작품이고 소치인 것이다.

천명의 오행은 상품의 기질과 같은데 木은 따뜻한 것이고 火는 뜨거운 것이며 金은 선선한 것이고 水는 차가운 것이다. 상품이 때를 만나면 인기가 있고 제값을 받으며 거래가 활발하지만 때를 잃으면 인기도 없고 가치도 없으며 거래가 끊기는 법이다. 즉 때를 만난 상품이 用이고 때를 잃은 상품이 體에 속하는 것이다.

겨울에는 따뜻하고 뜨거운 火商品이 으뜸이듯이 여름철에는 시원하고 차거운 水商品이 으뜸인 것이다. 天命은 이렇게 장사하는 店鋪 (점포)에 진열된 만물상으로서 春夏秋冬의 내내 골고루 쓸 수 있는 木·火·金·水가 모두 있으면 년중무휴로 장사가 잘되니 평생동안 배불리 먹고 잘 살 수가 있는 것이다.

이렇듯 장사는 상품이 무더기로 팔려서 돈을 무더기로 벌어야만 거부가 될 수 있음인데 用이 많아 用으로 가득찬 천명이 바로 그러한 거부의 천명인 것이다. 즉 겨울태생의 천명에 火가 가득찬 경우나 여름태생의 천명에 水가 가득찬 경우가 바로 그러한 것이다.

그러나 상기의 천명자는 子月의 겨울태생으로서 겨울 장사꾼이기에 천명에 火가 있어야 인기가 있고 경기가 좋아 돈을 모아서 부자가 될 수가 있음인데도 불행하게도 천명상 火는 눈을 씻고 찾아 보아도 이름조차 찾아 볼 수가 없음이다.

그의 천명에는 차거운 얼음만이 천지간에 가득차 있으니 영하 40도가 훨씬 넘는 혹한인 셈이기에 고객이 얼씬거리지도 않는 얼음판에서 굶주리고 허기진 배를 채우기위해서 금수처럼 강인하고 잔인한 사냥을 할 수 밖에 없는 천명인 셈이다.

玄武의 본체는 겨울·밤·추위·北方水이다. 상기의 천명자는 겨울태생으로서 물·어둠·추위로 가득차 있으니 전형적인 현무로 동서남북이 모두가 물바다·얼음덩이·암흑천하이기 때문에 살기등등한 엄동설한에 추위에 떨고 굶주림에 견딜 수가 없음인 것이다.

그래서 어려서부터 天涯孤兒(천애고아)·四顧無親(사고무친)의 流浪兒(유랑아)로서 東家食西家宿(동가식서가숙)함이 필연적인 숙명이였던 것이다. 그래서 그는 현무의 기질로 살아갈 뿐이기에 사냥과 약탈이 그가 살 수 있는 유일한 길이므로 누구든지 걸리기만 하면 반드시 손실과 상처를 입히기 마련인 것이다.

즉 여름태생으로서 火體가 만발하거나 겨울태생으로서 水體가 만발한 천명은 처음부터 남의 것을 훔치고 빼앗는 것이 생업이고 능사로서 만인을 해치는 무서운 흉물인 것이다. 예컨대 己巳년 己巳월 己巳일 己巳시 출생자는 體의 덩어리로서 처음부터 만인을 해치고 괴롭히는 인간 악역으로 일관한 것처럼 體가 만발한 상기의 천명자도 만인을 속이고 낚으며 비정과 비행을 능사로 하였던 것이다.

5) 50歲의 丁巳大運

상기의 천명자는 50歲의 丁巳大運(정사대운)에서 처음으로 火가 나타나고 왕성하니 寒谷回春格(한곡회춘격)으로 그는 운전기사로서 취직을 하게 되었다. 그는 머리가 비범하여 기술은 탁월했지만 처음부터 사고를 잇달아 저지르고 과속과 난폭운전으로 사람을 치어서 교도소를 안방처럼 드나들고 면허가 취소되어 직장을 잃고 알거지 신세가 되자 또다시 현무의 천부적인 솜씨를 부리기 시작하였다.

천하박색의 여성을 아내로 택하여 처자가 생기니 가난은 갈수록 심해졌다. 이렇게 상기의 천명자에게 丁巳大運에서 여름이 오고 用이 만발했음에도 인생의 엄동설한이 꼼짝도 하지 않는 이유는 과연 무엇 때문인가?

그 이유는 천명상에 用이 하나도 없는 偏枯한 인생이기 때문에 대운에서 用이 나타난다고 해도 그림의 떡처럼 어떠한 변화·작용·조화도 부릴 수가 없었기 때문인 것이다. 즉 種子(종자)가 있어야 쌓이 틀 수가 있듯이 천명상에 用의 종자가 있어야만 用의 운기를 받고 用의 영화를 누릴 수가 있는 것이다.

이렇듯 偏枯天命(편고천명)은 天賦的(천부적)인 不具者(불구자)·畸形兒(기형아)로서 사고와 행동이 偏狹(편협)·性急(성급)·亂暴(난폭)·殘忍(잔인)·唯我獨尊的(유아독존적)인 가장 볼품없는 失敗作(실패작)으로서 이 세상에 출생해서는 않될 기구하고 불행한 인생이자 만인을 못살게 하는 저주받을 가공할 인생인 것이다.

6. 乾命 孔子天命의 臨床分析

1) 體用區分

분석의 대상은 乾命(건명)으로 聖人(성인)의 孔子(공자)인데 그의 천명은 〈표 1-15〉와 같은 天命四柱盤으로 구성된다.

공자의 천명은 月支가 子水이므로 水가 왕성하고 火가 허약함이니 水가 體이고 火가 用이다. 즉 水體火用天命(수체화용천명)인 것이다.

그런데 그의 천명은 水가 왕성한데 地支에서 申子水局(신자수국)까지 이루고 있으니 體가 극성을 부리고 있는 천명인 것이다. 한편 雪上加霜(설상가상)으로 天干에는 水體를 生해주는 庚金이 重重하며 水體를 눌러주는 戊土를 庚金이 洩氣(설기)를 시키면서 무너뜨리고 있고 庚金이 火用을 생해주는 甲木을 난도질하고 있으니 만신창이 일 수밖에 없음인 것이다.

年支의 戌中에 辛丁戊가 있어서 이중 丁火가 유일한 用이지만 사방팔방이 金水의 덩어리이니 설땅이 없는 형국이다. 더군다나 子月의 嚴冬雪寒(엄동설한)에 태어났으니 의지할데가 없는 孤兒(고아)와 같은 四顧無親(사고무친)인 것이다. 그래서 그는 출생하자마자 부친을 여의고 모친도 또한 일찍 세상을 하직하니 천명대로 어려운 환경에서 자라나야만 했던 것이다.

그리고 12運星에서 死星(사성)은 思索(사색)·學問(학문)·哲學(철학)에 능함을 그 성정으로 하고 있으며 풍부한 水는 왕성한 精氣와 知慧의 근원이기에 그는 정신력과 창조력이 비범하여 학문을 독창하니 그 명성이 자자하여 젊은 시절부터 명문제자들이 전국에서 모여들었던 것이다.

그러나 그는 빈곤한 생활 때문에 공부에만 전념을 할 수가 없었으므로 委吏(위리)라는 창고지기도 지냈고 乘田(승전)이라는 목장관

〈表 1-15〉 乾命聖人孔子의 天命四柱盤

空亡	時柱	日柱	月柱	年柱	區分	
辰 巳	甲	庚	戊	庚	天　干(天)	
	申	子	子	戌	地　支(地)	
	庚壬戊己	癸◇壬	癸◇壬	戊丁辛	地藏干(人)	
	泉中水	壁上土	霹靂火	釵釧金	納音五行	
三災	建祿	死	死	衰	十二運星	
申酉戌	驛馬 移動變動	災 囚獄殺	災 囚獄殺	華蓋 花方席	十二神殺	
					歲 影響力	大運
	丙	乙	甲	癸	壬	辛	庚	己	影響力	
	申	未	午	巳	辰	卯	寅	丑	影響力	

리도 하였는데 곡식과 가축관리에 정직하고 한치의 오차도 없었다고 한다.

2) 南方火運의 巳午未大運臨床

그는 巳午未의 南方火大運(남방화대운)에서 用을 만나니 비로소 자신의 천부적인 재능을 발휘하면서 長官職(장관직)에 올라서 출세를 하고 천하에 이름을 떨치게 되었던 것이다. 그러나 日干의 庚金은 義(의)를 상징하며 傷官이 旺盛하고 得局까지 하였으니 천성과 성품은 寒水(한수)처럼 냉혹하고 대나무처럼 강직하며 사리가 거울처럼 분명하여 불의·부정·간섭·지배를 단호히 거부하고 배격하였던 것이다.

이와같이 그의 천명이 왕성한 體로 가득차 있으니 猜忌嫉妬(시기질투)·對立(대립)·敵對視(적대시)하는 무리가 주위에 가득차게 되니 모처럼만에 얻은 벼슬자리를 단호히 박차고서 외유길에 나서 6개국을 돌면서 의로운 경륜을 펴 보려고 하였지만 가는 곳마다 푸대접이었던 것이다.

이렇게 14년간의 虛送歲月(허송세월)을 하다가 68세에 고국으로 돌아와서 야인으로서 書堂先生(서당선생)을 하면서 3천제자를 길러냈던 것이니 이것이 孔子의 천명인 것이다.

그는 東方世界가 낳은 위대한 聖人이지만 타고난 천명은 출생부터 수난과 파란만장의 일색이었던 것이다. 공자의 학문과 철학은 서당선생을 하면서 만발하고 성숙했으며 마침내는 2400년 중국역사를 창조하고 지배한 儒敎(유교)의 대도를 정립하고서 72세의 나이로 세상을 하직한 것이다.

이렇게 천하의 대성인도 천명 앞에서는 거역과 외면이 아닌 양처럼 순종할 수밖에 없었음을 우리 범인들은 잘 새겨야만 할 것이다.

第2章 男女宮合分析論

第1節 宮合一般論

천명분석에서 우선순위를 말한다면 男子에게는 첫째가 官星(관성), 즉 子息(자식)과 出世(출세)이고 둘째가 財星(재성), 즉 妻(처)와 財物(재물)인 것이다.

반면에 女子에게는 첫째가 官星(관성), 즉 男便(남편)이고 둘째가 食神傷官(식신상관)이며 셋째가 財星(재성)인 것이므로 이를 잊어서는 안된다. 그러므로 궁합을 분석함에 있어서도 이를 참고하면서 관찰을 해야 한다는 것이다.

궁합을 분석함에 있어서 年月柱가 겉궁합에 속하는데 年柱는 집안과 집안과의 관계를 보는 것이고 月柱는 부모형제간의 관계를 보는 것이다.

그리고 日時柱가 속궁합에 속하는데 日柱로는 배우자관계를 보는 것이고 時柱로는 자손이나 재산 그리고 침실궁을 보는 것이다. 이렇게 궁합은 남녀간에 같은 柱끼리 맞추어서 관찰하는 것이다.

그런데 전통적으로 역학계에서 궁합분석시에 활용되고 있는 일반적인 것들을 여기서는 궁합일반론이라고 한다.

첫째는 花甲子納音五行(화갑자납음오행)의 相生關係分析法(상생관계분석법)인데 이는 납음오행의 상생관계를 위주로 궁합분석을 하는 경우이다.

둘째는 相生之命(상생지명)의 官星制化妙法(관성제화묘법)이다.

셋째는 干合支合三合分析法(간합지합삼합분석법)인데 이는 陰陽配合(음양배합)과 年月日時柱의 干合支合三合局 등을 중시하여 분석하는 경우이다.

넷째는 干支刑沖破害分析法(간지형충파해분석법)이 있고 다섯째는 諸殺中心分析法(제살중심분석법)이 있으며 여섯째는 年月日柱中心分析法(연월일주중심분석법)인데 이는 生年法·生月法·日干法 등을 중심으로 분석하는 경우와 같이 다양한 방법들이 있다.

1. 四柱上 相生의 宮合分析法

가장 일반적으로 많이 쓰이는 궁합분석법이 사주상의 상생궁합분석방법이다.

첫째 用神(용신)으로 정신적인 궁합관계를 분석한다.

둘째 日天干(일천간)의 성정으로 성격적인 궁합관계를 분석한다.

셋째 時柱(시주)의 성정으로 자손운을 분석한다.

〈表 2-1〉 四柱上相生의 宮合分析指標

四柱上	性別		比較指標	基準點數	相生與否	點數配點	吉凶判斷
	男	女					
用神			精神的宮合	20点			
日干			性格的宮合	10点			
時柱			子孫運	10点			
財福			經濟活動運	10点			

넷째 사주상의 財星을 바탕으로 財福(재복)의 厚薄與否(후박여부)를 판단한다. 그래서 종합적인 기준점수의 총점인 50점에서 산출배점을 고려하여 판단하는 방법인 것이다. 사주상으로 궁합분석을 하는 기본지표들은 〈表 2-1〉과 같다.

2. 花甲子相生의 宮合分析法

花甲子納音五行(화갑자납음오행)의 相生關係分析法(상생관계분석법)은 납음오행의 상생관계를 위주로 궁합분석을 하는 경우이다.

첫째 남녀간 年柱의 화갑자상생관계를 통해서 집안과 집안간의 운을 분석한다.

둘째 남녀간 月柱의 화갑자상생관계를 통해서 집안간 부모형제운을 분석한다.

셋째 남녀간 日柱의 화갑자상생관계를 통해서 배우자간의 운을 분석한다.

넷째 남녀간 時柱의 화갑자상생관계를 통해서 건강운과 침실궁의 관계 등을 분석한다. 그래서 종합적인 기준점수의 총점인 50점에서

〈表 2-2〉花甲子相生의 宮合分析指標

花甲子	性別		比較指標	基準 點數	相生 與否	點數 配點	吉凶 判斷
	男	女					
年柱			雙家間運	5点			
月柱			父母兄弟間運	5点			
日柱			配偶者間運	20点			
時柱			健康運	10点			
時柱			寢室宮	10点			

산출배점을 고려하여 판단하는 방법인 것이다. 남녀간의 화갑자상
생관계로 궁합분석을 하는 기본지표들은 〈表 2-2〉와 같다.

〈表 2-3〉 花甲子納音五行早見表

甲子/乙丑	丙寅/丁卯	戊/己巳	庚午/辛未	壬申/癸酉
海中金	爐中火	大林木	路傍土	劍鋒金
甲戌/乙亥	丙子/丁丑	戊寅/己卯	庚辰/辛巳	壬午/癸未
山頭火	潤下水	城頭土	白鑞金	楊柳木
甲申/乙酉	丙戌/丁亥	戊子/己丑	庚寅/辛卯	壬辰/癸巳
泉中水	屋上土	霹靂火	松柏木	長流水
甲午/乙未	丙申/丁酉	戊戌/己亥	庚子/辛丑	壬寅/癸卯
沙中金	山下火	平地木	壁上土	金箔金
甲辰/乙巳	丙午/丁未	戊申/己酉	庚戌/辛亥	壬子/癸丑
覆燈火	天河水	大驛土	釵釧金	桑石木
甲寅/乙卯	丙辰/丁巳	戊午/己未	庚申/辛酉	壬戌/癸亥
大溪水	沙中土	天上火	石榴木	大海水

　　화갑자상생관계의 궁합분석법에서 유의해야할 사항은 宮合相剋
中(궁합상극중) 相生之命(상생지명)의 官星制化(관성제화)의 妙法
(묘법)이다. 이를 요약해 보면 다음과 같이 정리될 수 있다.

① 木은 金의 剋을 꺼린다. 그러나 戊戌·己亥의 平地木(평지목)은
　　金이 없으면 榮華(영화)를 못얻는다.
② 火는 水의 剋을 꺼린다. 그러나 戊子·己丑의 霹靂火(벽력화)나
　　戊午·己未의 天上火(천상화) 그리고 丙申·丁酉의 山下火(산화
　　화)는 水를 얻어야만 福祿(복록)을 얻게된다.

③ 土는 木의 剋을 꺼린다. 그러나 庚午·辛未의 路傍土(노방토)나 戊申·己酉의 大驛土(대역토) 그리고 丙辰·丁巳의 沙中土(사중토)는 木이 아니면 平生不幸(평생불행)하다.

④ 金은 火의 剋을 꺼린다. 그러나 甲午·乙未의 沙中金(사중금)과 壬申·癸酉의 劍鋒金(검봉금)은 火를 만나야만 形體(형체)를 이룬다.

⑤ 水는 土의 剋을 꺼린다. 그러나 丙午·丁未의 天河水(천하수)나 壬戌·癸亥의 大海水(대해수)는 土를 만나야만 자연히 亨通(형통)을 한다.

3. 干合 支合 三合의 宮合分析法

天干合(천간합)·地支六合(지지육합)·三合(삼합) 등은 有情(유정)함을 뜻하는 것으로 아주 좋은 요인으로 해석된다. 그래서 남녀간에 이러한 合의 관계를 통해서 궁합을 분석하는 것인데 이를 정리해 보면 다음과 같다.

〈表 2-4〉 天干地支合早見表

天干合	甲己合(土)·乙庚合(金)·丙辛合(水)
	丁壬合(木)·戊癸合(火)
地支六合	子丑合(土)·寅亥合(木)·卯戌合(火)
	辰酉合(金)·巳申合(水)·午未合(不變)
地支三合	寅午戌合(火)·申子辰合(水)
	巳酉丑合(金)·亥卯未合(木)

예컨대 地支三合(지지삼합)의 경우를 본다면 亥卯未의 三合木局

·寅午戌의 三合火局·申子辰의 三合水局·巳酉丑의 三合金局 등이 그 것이다.

즉 첫째 돼지(亥)띠가 토끼(卯)띠·양(未)띠와 천생연분이고, 둘째 호랑이(寅)띠가 말(午)띠·개(戌)띠와 천생연분이며, 셋째 원숭이 (申)띠가 쥐(子)띠·용(辰)띠와 천생연분이고, 넷째 뱀(巳)띠는 닭 (酉)띠·소(丑)띠와 천생연분이라는 식의 궁합분석방법인 것이다.

4. 干支 刑沖破害의 宮合分析法

干支刑沖破害(간지형충파해)의 존재여부에 따라서 궁합의 좋고 나쁨을 분석하는 방법이다. 남녀의 日支間의 비교는 부부관계의 관 찰에서 매우 중요한데 日支간에 형충파해가 있게 되면 서로가 성격 이 맞지않는다.

그리고 時支 對 時支間에 형충파해가 있게 되면 Sex·자식·재물 ·건강·수명 등에 문제가 발생된다고 분석하는 것이다. 이러한 간지 형충파해가 궁합에서 갖는 나쁜 성정들을 정리해 보면 다음과 같다.

〈표 2-5〉 干支刑沖破害의 宮合上性情

天干沖	媤家父母와 不和가 있음
地支沖破	夫婦間의 不和가 있음
地支三刑	官災數와 刑厄數가 있음
地支六害	六親과의 不睦이 있음

5. 男女間 殺中心의 宮合分析法

1) 孤身寡宿殺

孤身殺(고신살)과 寡宿殺(과숙살)은 生年을 중심으로 관찰을 한
다. 그러나 특히 日支에 이 살이 있게 되면 아주 大凶함이다. 그래서
日支와 日支를 대조함을 중시하여 살피고 그 다음으로 年支와 年支
를 대조하여 살핀다. 예를 들어 남자가 寅일 경우에 여자가 巳이면
고신살에 해당하는 것이다.

그러나 고신살과 과숙살은 합이 되면 그 작용력이 약해진다. 한편
여자사주에서 과숙법을 살피는 방법으로는 여자의 生年天干(생년천
간)에서 生月(생월)을 대조하는 방법이 있는데 이를 정리하여 보면
다음과 같다.

〈표 2-6〉孤身寡宿殺의 年支中心觀察法

殺 \ 年支	東方木 寅卯辰	南方火 巳午未	西方金 申酉戌	北方水 亥子丑
孤身殺	巳	申	亥	寅
寡宿殺	丑	辰	未	戌

〈표 2-7〉孤身寡宿殺의 年干中心 生月觀察法

生年天干		甲	乙	丙	丁	戊	己	庚	辛	壬	癸
孤神殺	生月	1	4	4	7	7	10	10	10	1	10
		寅	巳	巳	申	申	亥	亥	亥	寅	亥
寡宿殺	生月	4	10	4	4	10	1	7	7	1	1
		巳	亥	巳	巳	亥	寅	申	申	寅	寅

2) 怨嗔殺

怨嗔殺(원진살)은 연월일시 地支의 모두를 서로 대조하여 살핀다. 궁합에서 원진이 끼어있으면 좋지않은 것이다. 즉 남녀가 怨嗔(원진)으로 만나게 되면 항상 불평불만이 많기 때문에 서로 싫어하여 부부간에 불화를 하거나 이별수가 있게 된다.

특히 日柱에 원진이 있을 경우에는 결혼을 안해야 하는데 그 이유는 반드시 별거·이별·사별이 있기 때문이다. 그리고 雙怨嗔殺(쌍원진)은 불평불만이 많고 반드시 재혼을 한다. 이러한 원진살의 내용을 정리하여 보면 다음과 같다.

〈表 2-8〉 怨嗔關係와 性情表

怨嗔關係	解　　說
子→未	쥐(子)는 양(未)의 뿔난 것(頭角)을 싫어함
丑→午	소(丑)는 말(午)이 밭갈지 않음(不耕)을 싫어함
寅→酉	호랑이(寅)는 닭(酉)의 짧은 부리를 싫어함
卯→申	토끼(卯)는 원숭이(申)의 불평을 싫어함
辰→亥	용(辰)은 돼지(亥)의 검은 얼굴(面黑)을 싫어함
巳→戌	뱀(巳)은 개(戌)의 울부짖는 소리를 싫어함

3) 白虎殺과 男女生死離別殺

남녀간에 다음의 〈表 2-9〉와 같은 日柱者는 生死離別殺(생사이별살)을 갖게 되지만 男女가 공히 同一한 日柱라면 무방하다. 그리고 또한 표와같은 日柱者는 白虎殺(백호살)을 갖게되는데 남녀궁합을 분석할 경우에 이러한 살이 있을 경우에는 가려야 한다는 것이다. 그 내용을 정리하여 보면 다음과 같다.

〈表 2-9〉 男女生死離別殺과 白虎殺早見表

日柱	離別殺	甲寅	乙卯	乙未	丙午	戊辰	戊申	戊戌
		己丑	庚申	辛酉	壬子			
	白虎殺	甲辰	乙未	丙戌	丁丑	戊辰	壬戌	癸丑

4) 無子殺

無子殺(무자살)은 자식을 갖지 못하는 것이다. 이 살은 여자사주를 중심으로 탐색하는 사항인데 生年(생년)과 生時(생시)를 주로 관찰하는 방법이다. 그 내용을 정리하여 보면 다음과 같다.

〈表 2-10〉 無子殺早見表

生年	子午	卯酉	寅申	巳亥	辰戌	丑未
生時	卯酉	丑未	巳午	寅申	亥子	戊辰

6. 年月日柱 中心의 宮合分析法

1) 年柱中心分析法

男女宮合을 분석함에 있어서 또다른 형태로 年柱中心分析法(연주중심분석법)이 있다. 연주중심분석법에는 年天干中心分析(연천간중심분석)과 年地支中心分析(연지지중심분석)이라는 頭尾法(두미법)이 있다.

첫째 年天干을 중심으로 궁합을 살피는 방법의 예를 들어보면 남자가 庚寅년생이고 여자가 戊戌년생이면 남자의 庚은 7이고 여자의 戊는 5인 것이다. 이 때에 庚과 戊가 만나는 接點(접점)이 1이다. 따라서 남녀간의 궁합의 성정이 1은 독립적인 성정의 관계라고 해석하면 되는 것이다. 이러한 관계를 분석하는 틀을 정리하여 보면 다음과 같다.

〈表 2-11〉年天干中心의 宮合分析表

男 女	甲	乙	丙	丁	戊	己	庚	辛	壬	癸
甲	1	2	3	4	5	6	7	8	9	10
乙	2	1	4	3	6	5	8	7	10	9
丙	3	4	5	6	7	8	9	10	1	2
丁	4	3	6	5	8	7	10	9	2	1
戊	5	6	7	8	9	10	1	2	3	4
己	6	5	8	7	10	9	2	1	4	3
庚	7	8	9	10	1	2	3	4	5	6
辛	8	7	10	9	2	1	4	3	6	5
壬	9	10	1	2	3	4	5	6	7	8
癸	10	9	2	1	4	3	6	5	8	7

1	2	3	4	5	6	7	8	9	10
獨立	協助	財産	冷淡	失敗	喜悅	變化	繁榮	破散	名譽

둘째 年天地支를 중심으로 궁합을 살피는 방법을 연지지중심분석법 또는 일명 두미법이라고 한다. 즉 年地支의 배열형식에서 男頭

女尾(남두여미)는 화합하고, 女頭男尾(여두남미)는 불화하며, 男女雙頭(남여쌍두)는 평합하고, 男女雙尾(남여쌍미)는 순합한다는 방식으로 궁합을 분석하는 것이다. 그 내용을 정리하여 보면 다음과 같다.

〈表 2-12〉 年地支中心의 宮合分析表(頭尾法)

頭(두)	丑辰巳午申생	男頭女尾	和合
		女頭男尾	不和
尾(미)	子寅卯未酉戌亥생	男女雙頭	平合
		男女雙尾	順合

2) 月柱中心分析法

月柱中心의 궁합분석법을 일명 男女生月法(남녀생월법)이라고 하는데 이는 약 50%정도의 신뢰도를 갖는다고 보면 될 것이다.

즉 남녀가 태어난 생월간에도 〈표 2-13〉과 같이 서로가 만나서 좋은 好生月(호생월)과 서로가 결혼을 하면 나쁜 忌生月(기생월)이 있다는 논리인 것이다.

〈表 2-13〉 生月中心의 宮合分析表 I

	좋은 생월						나쁜 생월		
男子	12	11	10	9	8	7	2	5	8
	丑	子	亥	戌	酉	申	卯	午	酉
女子	1	2	3	4	5	6	5	8	2
	寅	卯	辰	巳	午	未	午	酉	卯
理由	-	-	-	-	-	-	破	桃花	沖

그리고 嫁娶滅門法司正(가취멸문법사정)으로 男女生月避法(남녀생월피법)이 있는데 남녀가 다음의 〈表 2-15〉와 같은 生月로 만나게 되면 결혼후에 재산이 줄어들거나 자손에 근심이 있게 되며 가정파탄으로 이끌게 된다는 논리이다. 이러한 내용을 정리하여 보면 다음과 같다.

〈表 2-14〉 生月中心의 宮合分析表 Ⅱ

1-10/1-7/7-10	상호냉담/무정/불화
3-12	최흉조/불륜야기염려
4-4/9-9/11-11	상호고집불화/자형살
1-7/2-8/3-9/4-10/5-11/6-12	자기주장/가정파탄야기우려
1-4/2-11/3-6/5-8/7-10/9-12	상호불평불만/이혼은 못함
1-6/2-5/3-4/7-12/8-11/9-10	상호결점노출시킴/부부인연임

〈表 2-15〉 嫁娶滅門法司正(男女生月避法)

女子生月	1	2	3	4	5	6	7	8	9	10	11	12
	寅	卯	辰	巳	午	未	申	酉	戌	亥	子	丑
男子生月	9	8	5	6	1	12	3	10	4	11	2	7
	戌	酉	午	未	寅	丑	辰	亥	巳	子	卯	申

3) 日柱中心分析法

남녀간의 궁합분석에 있어서 日天干과 日天干을 비교하여서 그 吉凶與否(길흉여부)를 大吉(대길)·平吉(평길)·無害無益(무해무익)·若干不利(약간불리)·不利(불리)의 유형으로 나누어서 판단하는 방식인데 그 내용을 정리하여 보면 〈表 2-16〉과 같다.

〈表 2-16〉 日干中心의 宮合分析早見表

癸日	壬日	辛日	庚日	己日	戊日	丁日	丙日	乙日	甲日	女／男
大吉	平吉	無害無益	不利	大吉	若干不利	大吉	無害無益	平吉	若干不利	甲日
若干不利	大吉	不利	無害無益	無害無益	大吉	無害無益	大吉	無害無益	無害無益	乙日
若干不利	不利	大吉	若干不利	大吉	無害無益	若干不利	不利	大吉	無害無益	丙日
不利	無害無益	無害無益	平吉	平吉	大吉	若干不利	不利	若干有利	若干有利	丁日
大吉	無害無益	大吉	無害無益	若干不利	不利	大吉	無害無益	若干不利	不利	戊日
無害無益	大吉	無害無益	大吉	若干不利	若干不利	無益	大吉	不利	無害無益	己日
大吉	無害無益	平吉	不利	大吉	無益	若干不利	不利	大吉	無害無益	庚日
若干不利	若干有利	若干不利	若干不利	無害無益	平吉	不利	若干不利	若干不利	大吉	辛日
吉	無害無益	大吉	無害無益	若干不利	不利	大吉	無害無益	大吉	若干有利	壬日
若干不利	無害無益	無害無益	大吉	不利	若干不利	若干不利	平吉	平吉	大吉	癸日

7. 合婚開閉分析法

合婚開閉法(합혼개폐법)은 좋은 결혼시점을 판별하는 방법이다. 이는 여자사주에서만 살피는 것인데 여자의 나이로만 관찰하여 분석을 한다.

예컨대 여자의 生年支와 연령과의 상관성을 보는 것이다. 즉 大開(대개)는 부부화락하고 半開(반개)는 불화하며 閉開(폐개)는 서로 이별하는 것으로 해석한다. 이러한 합혼개폐법을 정리하여 보면 다음과 같다.

〈表 2-17〉 合婚開閉年齡對照表

年支	子午卯酉						寅申巳亥						辰戌丑未					
大開	14	17	20	23	26	29	13	16	19	22	25	28	15	18	21	24	27	30
半開	15	18	21	24	27	30	14	17	20	23	26	29	16	19	22	25	28	31
閉開	16	19	22	25	28	31	15	18	21	24	27	30	17	20	23	26	29	32

第2節　宮合分析正道論

1. 宮合一般論의 點檢

아직도 生年地支(생년지지)의 三合宮合(삼합궁합)이 판을 치고 있음이 현실인데 이는 상식적으로도 이해가 되지 않는 잘못된 궁합인 것이다. 천명의 감정은 年柱가 아닌 日柱를 기본으로 하는 것이고 年柱를 위주로 하는 것은 納音五行인 것이다.

納音五行이 正五行으로 바뀐지가 1,000년이 넘었기 때문에 年支三合(년지삼합)과 納音五行으로 궁합을 따지는 것은 千年前의 허무맹랑한 잠꼬대를 하는 것과 다름이 없는 것이다. 그래서 日支間의 三合·支合이 궁합이 될 수가 없는 것이고, 同一天命(동일천명) 속에서도 年支와 日支는 合이 될 수가 없음인데 他人(타인)의 天命과 어떻게 합이 될 수가 있다는 것인가?

천명의 冲과 合은 自體內(자체내)에서만 成立될 뿐인 것이다. 이는 三合에서도 예외일 수는 없는 것으로서 陽이 왕성한 여름(夏)태생과 陰이 왕성한 겨울(冬)태생이 結合(결합)을 하면 陰陽이 中和됨으로써 合理的(합리적)인 宮合(궁합)이라고 한다.

그러나 천명을 구성하고 있는 음양오행은 자체내에서만 작용할 뿐 他人天命(타인천명)과의 融合(융합)이나 作用(작용)은 당초부터 不可能(불가능)한 것이다.

2. 宮合은 良質商品의 選別作業

궁합은 多情(다정)·有能(유능)하고 平生偕老(평생해로)를 할 수 있는 배우자를 제일의 으뜸으로 한다. 배우자의 천명이 有德(유덕)·厚德(후덕)하면 누구와도 잘살고 해로하는 최고의 인연이지만 배우자의 천명이 薄德(박덕)하면 누구와도 인연이 박하여 해로할 수가 없는 것이다.

예컨대 良質(양질)의 훌륭하고 우수한 상품은 누가 가져도 멋지게 쓸 수가 있지만 이그러지거나 깨진 不良品(불량품)은 누가 가져도 쓸모가 없는 이치와 같은 것이다.

궁합은 배우자의 商品(상품)과 性能(성능)을 고르고 選別(선별)하는 매우 중요한 일인 것이다. 배우자는 천명에서 日支의 별이기 때문에 日支에 用이 있으면 배우자가 후덕하기 때문에 반드시 멋있고 현명한 배우자를 맞이한다. 그러나 천명의 日支에 體가 있게 되면 배우자가 박덕하기 때문에 아무리 고르고 욕심을 부려봐도 좋은 배우자를 얻을 수가 없는 것이다.

그러므로 천명의 日支에 用이 있고 五行이 中和되며 用이 많으면 착하고 순하며 너그럽고 부귀할 수 있는 일품의 천명이기 때문에 결혼하는 날부터 운이 열리고 집안이 화합하며 만사형통을 한다.

그러나 日支에 體가 있고 음양이 偏枯(편고)하며 體가 많으면 성격이 급하고 거칠며 유아독존으로 자기본위이고 시비를 일삼으며 가난을 벗어나기 어려운 박복한 인생으로서 누구와도 화합하기가 어려우며 부부간의 금실도 나빠서 결혼을 한 날부터 의견이 충돌하여 집안이 시끄러우며 어느 것 하나 제대로 되는 것이 없는 파란만장한 인생이 되는 것이다.

즉 用이 많은 배우자를 택하면 靑龍(청룡)을 얻어서 飛龍(비룡)하는 것이고 體가 많은 배우자를 택하면 白虎(백호)를 만나서 인생이 만신창이가 되는 것이다.

만일에 日支에 用이 있으면서 冲이 되면 아름다운 거울이 깨진 경우이니 해로가 어렵다. 그리고 日支에 用은 있지만 體가 많다면 사람은 쓸모가 있으나 박복함을 암시하는 것이다. 반대로 日支에 體가 있으나 用이 많은 천명은 부부의 인연은 박하지만 복은 많이 타고난 인생임을 암시하는 것이다.

결론적으로 궁합에 있어서는 日支의 用이 단연 우세하다고 할 수 있다. 즉 배우자가 현명하고 금실이 좋으면 가난도 능히 이겨낼 수 있지만 금실이 나쁘고 성격이 맞지 않으면 억만금도 소용이 없기 때문인 것이다.

한편 배우자 천명의 日支에 나의 空亡이 있게 되면 나의 정성과 노력이 공치다시피 헛수고임을 암시하는 것이다. 그래서 배우자 천명의 日支에 나의 공망이 있으면 내가 아무리 애를 써도 배우자가 호응을 하지를 않고 배우자 노릇을 제대로 하지를 않기 때문에 부부간의 금실과 애정에 금이 갈 수 밖에 없는 것이다.

그러나 치명적인 상처를 암시하는 日支의 冲에 비하면 더 나은 경우이므로 감지덕지 하면서 지성이면 감천이라고 용기와 끈기를 가지고서 애정의 공간을 메꾸어 가는 것이 현명함인 것이다.

3. 宮合은 天生緣分의 選別作業

궁합을 보는 것은 보다 더 좋은 배우자를 선택하기 위한 수단이고 방법으로서 기왕이면 최고 최선의 배우자를 고르자는 것이다. 그러나 인간의 配匹(배필)은 단순히 궁합으로만 가리는 상품이 아니고 天生緣分(천생연분)이어야만 하는 것이다. 자기의 눈이 안경이라고 연분은 따로 있는 것이고 연분이면 한 눈에 반하고 찰떡처럼 착 붙는다.

그러나 연분이 아니면 마치 닭과 꿩이 만난 것처럼 어색하고 정이 가지를 않는 것이다.

예컨대 신발은 발에 맞아야 신을 수 있고 오래 거닐 수가 있는 것이다. 아무리 값비싸고 훌륭한 신발이라고 하여도 자기의 발에 맞지가 않으면 신고 다닐 수가 없는 이치와 같은 것이다. 그리고 안경도 자기 눈의 도수와 딱 맞아야지 아무리 천하일품의 안경이라고 하여도 내눈과 도수가 맞지 않으면 쓰고 다닐 수가 없는 것과 같은 이치인 것이다.

만일에 결혼이 궁합으로서 선택하고 욕심을 부릴 수 있는 것이라면 누구나 최고 최선의 궁합을 고르는 동시에 宮合萬能(궁합만능)과 宮合至上主義(궁합지상주의)를 외칠 수 있을 것이다. 그러나 인명은 재천으로 배우자의 이모저모는 이미 천명에 명시되어 있는 것이다. 즉 日支에 用이 있고 온전하면 좋은 배필이 나타나는 것이고 日支에 體가 있거나 冲이 되면 좋지 않은 배필이 나타나서 해로할 수가 없는 것이다.

인간은 누구나 천생연분이 있고 천부적으로 자기의 배필을 타고 나는 것이다. 인연이 좋으면 어디서나 반드시 훌륭한 배필을 만나게 되지만 인연이 나쁘면 아무리 욕심을 부리고 골라봐도 삼베를 고르기 마련인 것이다.

이와 같이 결혼의 주인공은 본인 자신들이기 때문에 선택의 자유와 권리도 자기 자신에게 있는 것이다. 그러므로 자녀들이 좋아서 선택하고 결혼을 원한다면 부모들은 이를 기꺼이 응하고 받아 들이는 것이 천명의 도리인 것이다.

궁합을 보고 따지면서 왈가왈부 하는 것은 천생연분과 천명에 거역을 하는 逆天(역천)이기 때문에 반드시 불행과 화를 자초하는 것이다.

우리 祖上(조상)들의 혼인은 宮合爲主(궁합위주)가 아닌 人間關係爲主(인간관계위주)로 이루어졌는데 이러한 인간관계가 바로 하늘이 맺어준 인연으로써 천명에 명시된 천생연분인 것이다.

4. 宮合分析時의 參考事項

〈表 2-18〉宮合分析時 女子四柱參考事項

	宮合分析時 女子四柱參考事項	
官　星	破(有)	男便無福
	微弱/破剋/合去(時)	獨身固執/男便無職業
	年柱/時柱(有)	配偶者年齡差(多)
用　神	合→傷官變化	男便無福
月　干	正官(有)	早婚/年齡差(無)
	偏官(有)	晩婚
日　干	坐官	男子役割
	坐財	財物(多)
日　支	冲/破(有)	平生苦生
	時支間-辰戌冲(有)	家庭運不吉/喪配/孤獨/外道
時　支	合(有)	良好/男便疑妻症/刑殺同-深
食　傷	多	子息無福/好色/寡婦/妾身世
食　神	官星(合)→再食神化	出産後婚姻
全地支	土	波瀾萬丈/花柳界女性(60%)
歲　運	日支(合)官星(合)	異性交際
	來官星運(時)	處女性傷失
陽日干	食神-딸	傷官-아들
陰日干	食神-아들	傷官-딸
受胎月	陽月-아들확률70%	閏年出生時-陰陽顚倒

〈表 2-19〉宮合分析時 男子四柱參考事項

		宮合分析時 男子四柱參考事項	
財　星		合(時)	結婚運
		合→官星化	無外道
		天干合(時)←沖	疑妻症-暴行/사자밥이 特效
日　干		坐財	財福/女福(多)
日　支		坐偏印	再婚八字(70%)
		時支間-辰戌沖(有)	집시운명
日　柱		辛酉(共通)/壬癸(男)	外道-多
		丁巳/癸巳	外道-100%
		庚	外道-多 또는 無
時　柱		坐官	每事奔走
時　上		偏官	無子息/자식늦음
子　息		正官(無官傷官)-아들	偏官(無官食神)-딸
四　柱		水缺	자손귀함
劫　財		多	爭財數/妻無德(60%)
침실궁		年干(財星有)-年支가 日時支와 沖怨嗔)時)	精力(弱)

第3章 格局用神 神殺論 適合性 考察

第1節 格局用神論的 天命分析의 限界

인간의 天命을 분석·감정한다는 것은 결코 쉬운 일이 아니다. 格局論(격국론)과 用神論(용신론), 그리고 神殺論(신살론)은 중국명리학의 기본·중추이다.

전통적인 중국명리학의 천명분석법칙은 격국론·용신론·신살론이 그 중심이었는데 이러한 분석방법은 추상적인 길흉화복을 점치는 방법일 뿐이므로 분석결과가 的中하는 경우 보다는 오판하는 경우가 훨씬 더 많다.

즉 인간의 천명을 분석·감정함에 있어서 陰陽五行이 아닌 격국·용신·신살 등의 格式·形態·鬼神 등을 위주로 분석하여왔던 것이다. 그래서 대부분의 직업적인 易學者·占術家 등도 명리학을 위주로 천명분석을 하지 아니하고 奇門遁甲(기문둔갑)·紫薇斗數(자미두수)·六壬(육임)·河洛理數(하락리수)·六爻(육효)·觀相(관상) 등의 術數(술수)들을 겸해서 백화점식으로 천명을 분석·감정을 해온 것이 현실이다.

그러나 이러한 방법과 술수들 만을 가지고서는 천명을 종합적으로 분석·감정함에 한계가 있는 것이 사실이다. 陰陽五行을 위주로

創造되고 構成된 天地萬物과 人間天命을 陰陽五行이 아닌 술수만으로는 완전하게 분석해 낼 수가 없는 것이다.

1. 格局用神論의 眞理性與否

과연 이 땅에 격국과 용신을 제대로 파악하는 명리가가 몇 명이나 있을 것인가, 거의 찾아 볼 수가 없다.

格局을 분별함에 있어서 內格(내격)의 成格(성격)·破格(파격)을 분별하는데도 갑론을박이 따르고 外格(외격)의 從格(종격)·化格(화격)을 분별함에도 십인십색이다.

그리고 用神을 분별함에는 더더욱 가관이 아니어서 저마다 자기의 주장만을 내세우는 형국이다. 격국은 外格을 으뜸으로 한다. 음양오행상 火가 旺盛·極盛·大勢이면 從火格으로서 火運에 大發하고 水運에는 大敗한다고 단정해 버린다. 그래서 水·金·木·土의 어느 하나가 압도적으로 大勢를 이루고 있으면 從格으로서 旺者인 水運·金運·木運·土運에서 大發하는 반면에 旺者를 剋하는 運에서는 大敗한다고 단정해 버리는 분석방법이다.

인간을 비롯한 천지만물은 모두가 陰陽五行으로 창조된 陰陽五行의 조화이고 陰陽五行의 자식들이다. 陰은 肉身과 形體를 형성하고 陽은 精神과 靈魂을 형성하는데 陰이 虛하면 肉身이 虛弱하게 되고 陽이 虛하면 精神이 虛弱하게 되는 것이다.

그런데 음양오행상 한가지만 왕성함을 偏枯(편고)라 하는데 과연 陰만 있는데 陽이 없는 경우라든가 陰은 없는데 陽만 있는 경우의 偏枯者가 존재하면서 그러한 천명의 소유자가 부귀영화를 누릴 수 있다고 함은 전혀 논리와 법칙에 근거하지 못함이다.

즉 火가 極盛하고 地下水가 전혀 없는 砂漠이나 水가 極盛하고 太陽火가 아주 무기력한 南極이나 北極에서 만물이 무성하고 번창하며 천하의 부귀영화를 누릴 수 있다고 하는 주장과 다를 바가 없는 것이다.

예컨대 물이 없는 熱砂漠(열사막)에서는 생물이 발생할 수도 존재할 수도 없는 것처럼 불이 없는 얼음판에서도 생물이 발생 할 수도 존재 할 수도 없는 것이 자연의 율법이고 현실인 것이다.

그래서 火만이 있고 水가 전혀 없다거나 반대로 水만이 있고 火가 전혀 없는 偏枯한 천명의 소유자들은 모두가 하나같이 빈천하고 사고무친이어서 파란만장한 기구한 운명의 소유자들이다. 그러함에도 불구하고 중국명리학의 格局用神論을 맹신하여 천하의 대부대귀를 타고난양 분석한다면 이는 크나큰 오류인 것이다.

즉 이는 偏枯한 불덩이 같은 사막과 얼음덩이의 남북극을 천하명당이라고 판단하여 대부대귀가 나타난다고 판단하는 오류와 무엇이 다르겠는가? 격국용신론이 얼마나 터무니없이 허무맹랑한 잠꼬대인지 아닌지를 그 대표적인 몇가지 실례를 통해서 實證해 보고자 한다.

1) 乾命實例 Ⅰ

時柱	日柱	月柱	年柱
丙	丁	丙	丁
午	未	午	巳

상기의 천명자는 午月의 火旺節氣 태생으로 地支에 巳午未火局을 이루고 있다. 중국명리학의 格局論의 논리대로 보면 전형적인 一行

得氣格(일행득기격)이고 炎上格(염상격)이며 從格(종격)으로서도 완전무결하니 天下大格(천하대격)이고 大富大貴格(대부대귀격)임이 분명한 것이다.

格局論理에 따르면 상기자는 木火運에서 大發하고 金水運에서는 치명적인 타격과 재난을 겪어야만 할 운명인 것이다. 그러나 상기 天命者는 어려서부터 가난과 질병에 시달리며 천신만고와 파란만장한 인생에 시달리다가 끝내는 비명횡사한 운명의 소유자였다.

즉 상기 천명은 火一邊倒(화일변도)로 偏枯狀態(편고상태)가 극심하여 물(水)이라고는 그 종자도 찾아 볼 수가 없으니 이는 불타는 사막에서 어찌 살아 남을 수가 있으며 먹고 살기에도 지치고 몸부림치는 판국에 어떻게 부귀영화를 누릴 수가 있음인가? 이는 명백한 오류인 것이다.

인간도 생물중의 하나이며 생물은 물이 생명이기에 물이 없는 땅에서는 생물이 발생도 존재도 성장도 성숙도 원활할 수가 없는 이치와 같은 것이다. 즉 음양오행설은 생물의 존재법칙으로서 이해되고 적용되어야만 올바른 분석과 결과를 기대할 수 있음인 것이다.

2) 坤命實例 Ⅱ

時柱	日柱	月柱	年柱
庚	壬	癸	癸
子	子	亥	亥

상기의 천명자는 亥月의 水旺節氣 태생으로 干支의 天地가 온통 金水로 가득차 있고 火가 전무하다. 중국명리학의 格局論의 논리대로 보면 전형적인 從格(종격)으로서 으뜸이다. 중국의 명리학자들

이 극구 찬양을 아끼지 않았던 天下大格의 천명인 것이다.

격국논리에 따르면 상기자는 金水運에서 大發하고 火土運에서는 치명적인 타격과 재난을 겪어 만신창이가 되어야만 할 운명인 것이다. 그러나 상기 천명자는 처음부터 사고무친으로 평생동안을 뜬구름처럼 동가식서가숙을 하다가 마침내는 水旺節氣인 겨울철에 물에 빠져서 溺死(익사)·客死(객사)한 천명의 소유자였다.

물이 뭉치면 강이 되고 흐르는 강물은 폭포처럼 거칠고 사납게 줄달음을 치기에 한시도 멈출 수가 없고 동서남북으로 흐르듯이 상기 천명자는 어느 한곳에 멈춰 정착하지를 못하고 물결따라 흐르고 떠다니다가 결국에는 물결속에 휩쓸려 인생을 하직한 것이다.

3) 乾命實例Ⅲ

時柱	日柱	月柱	年柱
己	庚	甲	癸
卯	辰	寅	丑

상기의 천명자는 寅月의 木旺節氣 태생이면서 지지에 寅卯辰의 方合木局을 이루고 있다. 중국명리학의 격국론의 논리대로 보면 財星이 旺하고 지지에 三合局을 이루고 있으니 완벽한 從財格(종재격)인 것이다. 명리학자들의 주장으로 보면 천부적으로 부귀영화를 누릴 수 있는 천하대격인 것이다.

격국논리에 따르면 상기자는 水木運에서 大發하고 土金運에서는 大敗로 치명적인 타격과 재난을 겪어야만 할 운명이라는 것이 木旺節 從格(종격)의 金科玉條(금과옥조)인 것이다.

그러나 상기의 천명자는 어려서부터 질병덩어리로서 10세가 되도

록 四肢肉身(사지육체)의 발육부진으로 말미암아 고개조차도 제대
로 쳐들 수가 없었다. 사람 노릇만이라도 할 수가 있었으면 하는 것
이 부모의 하소연이었으니, 즉 이렇게 자기 몸 하나도 제대로 가누
지를 못하는 허약자가 어떻게 상팔자이고 부귀영화를 누릴 수 있는
천하대격이란 말인가?

한편 상기 천명자가 격국논리에 따르면 水木運에서 大發하고 土
金運에서는 大敗하여야 하지만 실제에 있어서는 그 정반대로 土金
行運에서는 生氣가 발생하고 水木行運에서는 질병이 극심하였으니
중국명리학 격국논리의 허구성이 증명되고 있음인 것이다.

즉 상기 천명자에게 있어서는 木이 體이고 金이 用이기 때문이니
金用은 충신이기에 기쁨과 生氣를 주고 木體는 역신이기에 不幸과
死氣를 그에게 안겨주는 이치인 것이다.

4) 坤命實例Ⅳ(1935.5.12.寅)

時柱		日柱		月柱		年柱		
丙		己		壬		乙		
寅		未		午		亥		
78	68	58	48	38	28	18	8	大運
庚寅	己丑	戊子	丁亥	丙戌	乙酉	甲申	癸未	

상기의 천명자는 午月의 火旺節氣의 餘氣胎生이니 印綬格(인수
격)이고 冲刑破害가 없으니 成格(성격)이다. 중국명리학의 격국론
의 논리대로 보면 印綬(火)가 用神이고 財星(水)이 忌神이니 火運에
서는 吉하여 大發하고 水運에서는 凶하여 大敗함이 상기 천명자의
운명인 것이다. 격국논리대로 라면 상기자는 火運이 왕성한 行運期

間에 大發하여 大吉하고 만사형통을 하여야 하는 것이다.

그러나 상기 천명자는 38歲 12月 22日부터 시작되는 丙戌大運의 10年 기간중에서 43歲가 되는 1977年 6月(丁巳年 丁未月), 즉 用神인 火運이 왕성한 시점에서 강도범도 아닌 전실의 사위에게 칼로 난도질을 당해 처참하게 피살되어 비명횡사한 이유를 중국명리학의 격국용신론으로는 설명이 되지 않는다는 점이다. 중국명리학에서는 用神이 왕성하면 大吉하여 만사형통함이 통론이지만 실제는 그렇지 못한 것이 사실이다.

그래서 천명설계도의 정확한 분석을 위해서는 격국용신론이 아닌 陰陽의 體用分析을 통해서 판단이 이루어져야만 그 정확성을 신뢰할 수가 있다는 점이다. 즉 體는 적군이므로 體가 왕성하면 만인이 적대시하고 활을 쏘아오니 파란만장의 만신창이가 되는 것이고 반대로 用은 동지이니 用이 왕성하면 만인이 도와주며 협력하니 大吉하여 大發하는 이치인 것이다.

음양의 體用分析을 통해서 판단을 하면 상기 천명자는 午月胎生이니 火가 體임이 분명한데 丁巳年(1977년) 歲運의 巳와 丁未月(6월) 月運의 未가 천명반의 月支인 午와 서로 合하여 巳午未南方火局의 方合을 이루고 있음이니 火體가 극성을 부려 사면초가가 되어서 날아오는 화살을 피할 수가 없는 형국이다.

이러한 상황속에서 불같이 성급하고 난폭한 전실의 사위와 격심한 언쟁을 벌렸으니 느닷없이 휘두르는 사위의 식칼에 난도질을 당하여 처참하게 피살되고 만 것이다. 즉 體가 왕성하면서 得局을 이루는 형국에서 호랑이 굴에 뛰어듦은 목숨을 내놓는 것과 다를 바가 없음인 것이다.

2. 鬼神打令神殺論의 眞理性與否

　　대부분의 명리가들이 함께 공감하는 것은 神殺論인데 三災殺(삼재살)·桃花殺(도화살)·驛馬殺(역마살)·白虎殺(백호살)·殺剋殺(살극살)·男女生死離別殺(남여생사이별살)·孤身寡宿殺(고신과숙살)·魁罡殺(괴강살) 등은 주로 많이 사용이 되는 것들이지만 이외에도 명리학에서 사용되는 다른 종류까지를 합하면 대략 260여종에 이른다.

　　일반적으로 이러한 귀신타령의 제종합신살론의 사용에는 우리나라는 물론 역학을 활용하는 대부분의 나라에서 그 필요성과 적중성을 인정하고 의견의 일치를 하고 있는 실정이다.

　　그러나 신살론의 경우에서도 마찬가지로 日支에 도화살이 있으면 대부분이 妓生(기생)이나 妾(첩)의 운명이라고 판단하고 있지만 황실의 皇妃(황비)나 세상의 천상미인으로 배우자를 잘 만나서 금실좋게 해로하며 천하의 부귀를 누리고 있는 여성중에서 日支桃花殺(일지도화살)이 있는 자가 부지기수이니 이를 중국명리학의 신살론이 어떻게 설명해야 할 것인지 자못 궁금해지는 것이다.

　　이렇게 오류 투성이인 격국론과 신살론이 지금까지도 압도적으로 판을 치면서 혹세무민하고 야바위를 능사로 하고 있으니 참으로 한심한 일인 것이다.

時柱	日柱	月柱	年柱
戊	甲	甲	甲
辰	子	戌	戌

　　상기의 천명자는 중국명리학에서 甲木은 子에서 沐浴·桃花殺이

되는데 이러한 桃花殺이 月支나 日支에 있으면 바람둥이로서 기생이 아니면 첩의 운명을 면할 수가 없다고 하여 금기시하였다. 그러나 상기의 천명자는 지존하신 황실의 太子妃(태자비)로 揀擇(간택)되었고 만인의 사랑과 부러움과 존경을 오랫동안 받아 왔고 결국에는 황비가 되어서 최고의 여성으로서 군림하였던 것이다.

즉 중국명리학의 귀신타령의 신살론이 진리라고 한다면 상기 천명자는 기생이나 첩이 되었어야 하지만 태자비와 황비가 되었음이니 신살론의 허구성이 잘 들어난 한 예인 것이다.

鬼神을 먹고사는 신살론은 격국용신론처럼 陰陽五行으로 창조된 천명이나 운명과는 전혀 무관한 것이고 사실무관한 허무맹랑하고 황당무계한 잠꼬대의 잡술로 惑世誣民(혹세무민)하는 詐欺挾雜群(사기협잡군)인 셈이다. 신살론은 천명과 음양오행상 아무런 작용과 가치가 없는 귀신타령에 지나지 않는 것이다.

천명이 중화되고 배우자덕이 많은 선남선녀들을 백호대살이나 도화살이 있다고 하여 성혼에 이르는 혼사를 깨서 갈라 놓고 殺만 있으면 덮어 놓고서 죽느니 망하느니 악담을 서슴치 않아 사람을 새파랗게 질리게 하여 度厄(도액)을 하지 않으면 불행과 재난을 피할 수 없다고 하면서 狐狸(호리)와 같은 사기협잡으로 혹세무민을 하고 있으니 이를 어찌 통탄하지 않을 수가 있겠는가?

第2節 周易學 天命分析의 限界

陰陽五行의 化身이요 氣象인 인간의 천명을 분석함에 있어서 격국이나 용신·귀신법칙인 신살·술수 등 만을 가지고서 관찰하는 데는 그 한계가 있는 것이다.

周易은 음양이 전부이고 數字와 象이 기본이기 때문에 음양을 數字와 象으로 표시하고 삼라만상과 인간만사를 數字와 象을 나타내는 卦로써 판단하는 것이다. 주역의 卦象으로 인생을 감정하는 것이 六爻이다. 많은 사람들이 주역이 점술의 기본으로서 최고의 법칙인양 떠들어 대고 있지만 이는 역학자·점술가들의 조작일 뿐인 것이다.

주역은 처음부터 본래가 인생의 길흉화복을 점치는 점법이 아니라 未來를 예시하는 卦象을 놓고서 분석·관찰한 후에 마음을 가다듬고 잘못이 있으면 반성하고 참회하면서 근신하는 修身齊家의 道德經이었다.

자연을 위주로 하는 주역의 괘상이나 금수의 법칙인 상극원리를 바탕으로 하는 중국 명리학의 격국·용신·신살 등으로 인간의 천명을 분석·관찰한다는 것은 어불성설인 것이다. 더구나 數字놀이와 귀신타령의 술수로서 음양오행의 기상인 천명을 관찰한다는 것은 더더욱 새우눈으로 하늘을 관찰하는 것과 무엇이 다르겠는가?

第3節 陰陽五行氣象의 天命分析法

천명은 陰陽五行이 기본이다. 陰陽은 主體이고 五行은 作用인데 생명은 주체만으로 창조될 수도 없고 생존할 수도 없는 것이다. 생명은 오행이 있기 때문에 四肢五體(사지오체)와 五臟六腑(오장육부) 등의 형체와 기능이 형성되고 작용될 수가 있는 것이다.

陰陽五行의 氣象을 관찰할 수 있는 유일한 방법은 陰陽五行의 原理와 法則이 기본이다. 천명분석에서 음양오행의 기본원리는 태양의 발생·성장·성숙·갈무리의 과정과 변화의 상생법칙으로서 자연·금수의 법칙인 상극원리와는 전혀 다르다. 즉 음양오행의 이치로서 음양오행의 기상을 분석해야만 그것이 진리인 것이다.

음양오행은 10干 12支가 기본이고 전부이며 陰陽과 水·火·木·金·土가 선명하고 간단명료하다. 천명은 음양오행으로 구성되고 형성된 작품이기 때문에 음양오행의 기상을 살핌으로써 그 분석과 관찰이 정확해질 수 있는 것이다.

천명에 나타난 10干 12支를 보면 음양오행의 기상을 정확하게 관찰할 수가 있다. 그래서 음양이 균형있게 짜여진 中和象(중화상)·음양이 한쪽으로 쏠려있는 偏枯象(편고상)·중화상도 아니고 편고상도 아닌 雜貨象(잡화상)의 천명으로 크게 분류가 된다.

인간이 원하는 最高象은 중화상이지만 천명상으로 중화상은 천에 하나가 있을까 말까하는 정도이고 90%는 잡화상이고 10%정도가 편고상이라고 할 수 있다. 그만큼 찾아보기 어려운 것이 중화상이고 흔해 빠진 천명이 잡화상이며 심심치 않게 볼 수 있는 경우가 편고상이다.

占(점)은 所願하고 希望하는 사안의 成事와 成敗與否를 측정하고 판단하는 것이 기본이고 전부이다. 이러한 成敗를 분별함에 있어서는 陰陽五行의 氣象을 통해서만이 그 측정이 가능한 것이다. 즉 음양이 中和(중화)되면 萬事亨通(만사형통)하지만 음양이 偏枯(편고)·不和(불화)하면 萬事不成(만사불성)인 것이다.

음양오행의 기상을 구체적으로 나타내주는 것이 천명사주의 네 기둥을 구성하고 있는데 이것이 4干과 4支인 것으로 팔자이고 그 사람의 천명인 것이다.

中和象의 천명은 최고의 걸작품으로서 인간의 기질(氣質)·체질

(體質)·성품(性品)·인격(人格)·애정(愛情)·아량(雅量) 등이 풍부하여 가장 인간적인 천명이기 때문에 지상최대의 행운을 누릴 수 있는 위대한 인생이다.

그러나 이러한 중화상의 천명은 살아있는 神格者(신격자)와 같음이기 때문에 과연 역사상 또는 현존하는 인류중에서 찾아볼 수 있을지 의문시 되는 것이다. 찾아볼 수 있는 경우로는 완전한 중화상이 아닌 유사한 중화상이 고작인 것이다.

偏枯象의 天命은 흔히 볼 수 있는 천명이고 잡화상의 천명이 가장 많고 두드러지게 나타나는 천명인 것이다. 이렇게 중화상도 편고상도 아닌 잡화상의 천명은 부귀보다는 빈천함이 압도적인 천명이다. 그러므로 이 세상에는 富者(부자)보다는 貧者(빈자)가 더 많으며 貴者(귀자)보다는 賤者(천자)가 더 많은지도 모르는 것이다.

하늘(天)의 氣象이 세월(歲—年)과 계절(春夏秋冬)을 따라서 끊임없이 변하듯이 인간의 천명을 구성·형성하는 음양오행의 기상도 大運(대운)·歲運(세운)·月運(월운) 등의 行運(행운)에 따라서 쉼없이 흐르고 변하는 것이다.

즉 인간의 천명이 行運의 변화에 따라서 중화상이 잡화상이나 편고상으로 변하기도 하고, 잡화상이 중화상이나 편고상으로 변하기도 하는 것이며, 편고상이 잡화상이나 중화상으로 변할 수도 있는 것이다. 이렇게 천명상에서 陰陽五行氣象(음양오행기상)의 흐름과 변화를 정확히 관찰하고 분석하는 것이 天命分析家(천명분석가)가 해야할 의무이고 과제인 것이다.

第4章 命理學의 用神分析論

第1節 用神本質의 探索論

1. 用神의 意義

用神論(용신론)은 해당사주가 必要(필요)로 하는 神(신)을 찾는 방법으로 사주명리학의 看命法(간명법)에서 차지하는 그 비율이 50% 이상이므로 매우 중요한 부분이라 할 수 있을 것이다.

사주의 日天干은 體로서 첫째 개인적으로는 肉身(육신), 즉 자기 자신이고 둘째 사회적으로는 宰相(재상), 즉 조직의 보스이며 셋째 우주적으로는 天(천)을 나타내는 것이다. 이렇게 日干은 體로서 보이면서 잡힐 수 있는 形而下學的(형이하학적)인 것이다.

日干인 자신, 즉 육체는 물체의 형상이므로 형이하학적으로 볼 때에 天氣를 통하지를 못한다. 반면에 用으로서 사주가 必要로 하는 用神은 보이지도 않고 잡히지도 않는 精神(정신)으로 形而上學的 (형이상학적)인 것이다.

즉 用자는 適應能力(적응능력)을 뜻하고 神자는 정신을 말하는 것으로 用神이란 적응능력의 정신인 것이다. 이러한 정신은 비물체로 상이 없기 때문에 형이상학적으로 天氣를 관통할 수가 있다.

이렇게 天氣를 통하는 것이 月支의 地藏干(지장간)이므로 지장간을 當天氣(당천기)라 하고 대부분 月支에서 용신을 잡는 것이다. 즉 月支는 환경이며 자기자신이 속해있는 지방(서울·호남·영남·충청 등)인 것이다.

그리고 大運은 목적의 장소로서 空間이지만 年運, 즉 歲運은 목적 달성의 기회(찬스)로서 時間에 해당하는 것이다. 그러기 때문에 大運보다는 歲運이 세운보다는 月運(환경)이 보다더 중요한 것이다. 그러나 만약에 月支에서 용신이 없을 경우에는 時支·日支·年柱에서 잡을 수도 있는 것이다.

이러한 용신은 사주를 푸는 열쇠이고 사주를 中和시키는데 필요한 神인 것이다. 대체적으로 身强四柱(신강사주)에서는 氣를 빼주는 것이 용신이 된다. 그러나 身弱四柱(신약사주)에서는 氣를 보강해주는 것이 용신이 되는 것이다. 결과적으로 사주는 항상 中庸(중용)을 이루어야 幸福하기 때문인 것이다.

2. 體用의 喜神有無

용신에는 個人用(개인용)과 社會用(사회용)이 있는데 이들 모두 다 喜神(희신)을 기뻐하고 바란다. 그래서 日柱에 자신(육신)의 희신이 있어도 정신(용신)의 희신이 없으면 사회발전이 없으므로 內面(내면)의 희신이 있어야만 하는 것이다.

반면에 정신(용신)의 희신이 있어도 자신(육신)의 희신이 없으면 사회적인 능력은 있어도 신체와 가정적인 능력이 없어서 외면만 화려하고 내면은 없게 되기 때문에 이럴 경우에는 또 外面(외면)의 희신을 필요로 하는 것이다.

즉 사주가 體弱(체약)하고 用强(용강)하면 뜻만 높았지 일이 이루
어지지를 않는다. 반면에 體强한데 用弱하면 多計無應(다계무응)이
라하여 계획만 많았지 일에 능률이 없게 된다. 그렇기 때문에 身强
四柱(신강사주)가 공통심리로 원하고 희망하는 것은 泄氣(설기)의
별인 財星(재성)·官星(관성)·食傷(식상)을 희구하는 것이다. 그러
나 身弱四柱(신약사주)가 원하는 것은 補氣(보기)의 별인 比劫(비
겁)·印星(인성)·羊刃(양인)을 희구하는 것이다.

즉 신강사주는 기운을 빼주어야 하고 신약사주는 힘을 보태주어
야 하기 때문이다. 그러므로 日柱自身(일주자신)은 食神·傷官을 선
망하는 것이고, 精神生活(정신생활)은 財星·官星·印綬를 선망하는
것이 마땅한 것이다.

예를 들어 용신이 甲木이라면 용신의 희신으로서 甲木을 살려줄
수 있는 水(물)가 있어야 하는 것이고 또한 甲木이 살려주는 火(불)
가 있어서 용신을 通貫(통관)시켜 주어야만 좋은 것이다.

〈表 4-1〉 個人用과 社會用의 性情

肉身(外面-體)의 喜神	→	個人用神	個人用/身體/家庭能力
精神(內面-用)의 喜神	→	社會用神	社會用/社會適應能力

	特　　徵
個人用神(有)/社會用神(無)	社會發展(無)→內面喜神(必要)
個人用神(無)/社會用神(有)	身體家庭能力(無)→外面喜神(必要)

3. 用神의 能力

용신의 능력은 사회적인 상대관계로 사회를 나타내는 것이다. 그

래서 용신의 능력을 관찰하여 분석함에 있어서는 喜神(희신)과 救神(구신)의 관계, 忌神(기신)과 仇神(구신)의 관계 그리고 閑神(한신) 등으로 분류하여 생각할 수 있는데 이를 정리하여 보면 다음과 같다.

〈表 4−2〉 用神能力과 性情

喜神 희신	副用神 부용신	用神(精神)을 돕는 補佐神(官) 陽的−直接的임
救神 구신	參謀神 참모신	喜神을 돕는 秘書神(官) 陰的−間接的임
忌神 기신	逆賊神 역적신	用神(精神)을 毀損하는 障害神(官) 陽的−直接的임(妨害神/傷害神)
仇神 구신	逆助神 역조신	忌神을 도와 反逆하는 逆謀神(官) 陰的−間接的임
閑神 한신	無用神 무용신	無用之神−일 없이 쉬는 신 君臣民에게 體用變에 의해 不必要神

精神用神(정신용신)은 강해야 능력을 발휘할 수 있다. 그래서 용신은 용신을 살려주는 생조자가 있어서 健旺(건왕)한 것을 요구한다. 예를 들어 용신이 甲木일 경우에 木을 얻어야 뿌리가 튼튼해질 수 있고 또한 水를 얻어도 용신이 건왕해지는 것이다.

이렇게 용신이 生月支(생월지)에 通根(통근)하여 뿌리를 박는 것이 吉하고 또한 天干에 노출되면 더욱더 大吉한데 이렇게 용신이 서로 소통되어야만 하는 것이다. 즉 용신이 木일 경우에 水가 와서 도와주어야하고 火가 와서 빼주어야 용신이 건왕한 것이고 통근되었다고 할 수가 있는 것이다.

  용신은 月地藏干(월지장간)에 하나가 있음이 대길함이다. 그런데 용신이 2개가 있어 濁(탁)하게 되면 용신이 강함인데 이런 경우의 성정은 多才多能(다재다능)하지만 陰謀術數計略(음모술수계략)이 많게 된다.

  한편 용신이 時支藏干(시지장간)에 있을 경우나 용신이 3개 이상으로 淸濁雜(청탁잡)하게 될 경우의 성정은 맑고 흐리고 잡하며 難意無功(난의무공)으로 어려운 일만 생기고 노력은 있으나 공이 없게 되는 것이다.

  그리고 용신이 年地藏干(년지장간)에 있을 경우에는 일군주가 四首相格(사수상격)이라 해서 일군주에 官星내지 印星이 3개 이상이 있는 것과 같음인 것이다.

  아래의 실예1과 같이 군주라는 것은 乙木일주가 癸癸亥亥를 만났으므로 日柱의 生助者(생조자)가 4개로 日君主가 四首相格인 것이다. 그래서 衆論(중론)이 통일되지를 않고 모든 일이 이루어지지 않으며 사공이 많으면 배가 산으로 올라가듯이 생각이 매우 어지럽게 되는 것이다.

實例 1

時柱	日柱	月柱	年柱	
戊	乙	癸	癸	干
寅	巳	亥	亥	支
戊	戊	戊	戊	地
丙	庚	甲	甲	藏
甲	丙	壬	壬	干

4. 用神의 吉星凶星

正格(吉神)의 용신은 살려주는 生助神(생조신)이 喜神(희신)이
되지만 偏格(凶神)의 용신은 눌러주는 制化神, 즉 剋制神이 희신이
된다. 용신은 반드시 生月에 배정하고 根이 있나 없나를 본다. 길신
격 흉신격의 모든 용신은 통근하는 것을 원칙으로 한다. 용신이 吉
星(正財·正官·正印·食神)이면 타동적으로 이것을 生助(생조)해 주
는 희신이 있어야 한다.

반면에 용신이 凶星(偏財·偏官七殺·偏印·傷官)이면 이것을 剋
制(극제)·合化(합화)하는 것을 희신으로 삼는다. 즉 용신이 길성이
면 생조하는 것이 희신이고 용신이 흉성이면 극하는 것이 희신인
것이다.

한편 吉星을 용신으로 할 경우 용신을 剋하던가 干合할 때에는 이
것을 忌神(기신)으로 삼는다. 반면에 凶星을 吉神으로 할 경우에는
이것을 도와주어 生扶(생부)하는 것을 忌神으로 삼는다. 그러나 이
러한 忌神이 合·沖·空亡이 되면 제거될 수가 있는 것이다.

暗神(암신:地藏干에 숨어있는 六親)이 暗合(암합)할 경우에는 偏
旺格(편왕격:從旺格)을 용신으로 삼고, 塡實(정실:암신을 용신으로
삼는 것)을 忌神으로 삼으며 旺衰·相合하는 것을 희신으로 삼는다.

즉 暗神을 용신으로 삼는 것으로 용신이 財이면 行運의 財神을 보
는 것과 같다. 이러한 암신은 沖이 되지 않으면 모두가 숨어 있고 沖
이 되면 모두가 나온다. 또 暗神格(암신격)은 塡實(정실)을 보면 破
格이 되고 暗合되는 것은 富格 또는 貴格이 되는 것이다.

5. 六神用神과 吉凶判斷

용신이 六神중에서 어디에 해당하고 六神중 어떠한 運에 해당하는가에 따라서 運質의 吉凶과 그 특성을 달리하는데 그 내용을 정리하여 보면 다음의 〈表 4-3〉과 같다. 그리고 용신에 따른 事案(사안)의 成事與否(성사여부)를 판단하여 볼 수 있는데 그 내용을 정리하여 보면 다음의 〈表 4-4〉와 같다.

〈表 4-3〉 六神用神에 特定六神運來時의 運質

用 神	下 運 (來)	性情과 運質
比肩 (時)	偏官運 (來)	交通事故/入院/手術凶事
食神 〃	偏印運 〃	大禍發生
官星 〃	傷官劫財 〃	離婚/精神異常/凶事發生
正官 〃	比劫運 〃	失職/囚獄數
財星 〃	比劫運 〃	財物禍發生
正財 〃	劫財運 〃	破産/喪妻數
正印 〃	偏財運 〃	詐欺數/文書注意/父母凶事

〈表 4-4〉 用神狀況과 事案의 成事成就日

用神의 狀況	事案의 成事成就日
無用神四柱(時)	用神月 또는 用神日
日辰旺狀(時)	該當日
三合/半合(時)	三合日
剋(時)	剋神의 冲去日
太旺(時)	墓庫日
休囚(用神同五行)/死絶(時)	生旺日
墓庫入(時)	冲日
用合化變時→合神冲日에 用神空亡하면	塡實日/冲日

第2節　用神作法의 類型論

用神作法(용신작법)이란 용신을 잡는 방법을 말한다. 이러한 용
신작법에는 抑扶法(억부법)·專旺法(전왕법)·病藥法(병약법)·通關
法(통관법)·源流法(원류법)·調候法(조후법) 등 크게 여섯가지의 유
형이 있는데 이들을 구체적으로 살펴보기로 한다.

1. 抑扶法

抑扶法(억부법)은 용신을 잡는 방법에서 차지하는 비율이 85%
정도로 가장 많이 사용되는 방법중의 하나이다. 즉 日干을 오행상
서로 생조하는 것과 서로 억제하는 것을 비교해서 많으면 빼주고 약
하면 더해주는 방식이다.

억부법에서 木은 旺衰(왕쇠-成小)·火는 有餘(유여)·土는 厚薄
(후박)·金은 老嫩(노눈)·水는 大小(대소)를 관찰하는 것이다.

실예2의 사주는 庚金日干(경금일간)을 도와주는 것은 己土 하나
이고 丁卯丙午午卯는 日干의 자신을 剋하고 있는데 또한 午火月에
태어났으니 굉장히 身弱함이다.

그래서 이 사주는 弱한 日干의 庚金을 도와주어야 하는데 사주내
에서 庚金을 도울 수 있는 것은 己土뿐이다. 따라서 이 사주는 時干
의 己土가 用神이 되는 것이다.

그리고 실예3의 사주는 日干 壬水(일간임수)가 申子辰合水局(신
자진합수국)을 얻었고 天干에 壬水가 투출되었기 때문에 身强四柱
(신강사주)이다.

이렇게 水의 기운이 강하므로 水의 기운을 빼주는 木과 물(水)을 증발시켜 주는 火가 용신이 된다. 따라서 이 사주는 時柱의 乙木과 巳火가 용신이 되는 것이다.

實例 2

時柱	日柱	月柱	年柱	
己	庚	丙	丁	干
卯	午	午	卯	支

實例 3

時柱	日柱	月柱	年柱	
乙	壬	壬	丙	干
巳	申	辰	子	支

2. 專旺法

사주의 육신오행이 전부 또는 60%이상의 대부분이 일색오행으로 편중되어 있을 경우에는 그 세력이 서로 왕래하여 억제할 수가 없게 된다. 이렇게 어떤 세력이 극히 旺盛(왕성)해서 억제하기가 곤란할 경우에는 그 勢力(세력)에 順應(순응)하는 육신이 용신이 된다. 이럴 경우에 사용하는 방법이 專旺法(전왕법)이다.

그 유형으로는 從格(종격)·外格(외격)·化格(화격) 등이 있다. 그러나 陽日柱는 從格이 잘 이루어지지 않지만 陰日柱는 從格으로 化하여 변하는 경우가 많다.

실예4의 사주는 日干甲木(일간갑목)이 2월 羊刃月(양인월)에 낳았고 木과 水가 많아서 신강사주이다. 格은 羊刃格·從旺格으로도 되며 용신은 木과 水가 된다. 이러한 사주는 大運과 歲運에서 木運이나 水運의 때를 만나면 吉하다는 것이 명리학의 논리이다.

實例 4

時柱	日柱	月柱	年柱	
乙	甲	乙	癸	干
亥	寅	卯	卯	支

3. 病藥法

日干의 生助六神(생조육신)을 剋害(극해)하는 육신이 있을 경우에 이것이 사주의 病(병)인 것이다. 이렇게 破庫(파고:일간의 생조육신을 극해하는 육신이 있을때)가 될 경우에 생조하는 그 육신을 藥(약)이라고 하는데 그 육신이 용신이 되는 것이다. 이럴 경우에 사용하는 방법이 病藥法(병약법)인 것이다.

실예5의 사주는 甲木일주가 4월에 태어났으므로 水가 필요하다. 辰申合의 水局을 가졌으나, 己土와 戊土(病)가 있어서 水局을 土剋水하므로, 水가 살려면 土를 쳐주어야 한다. 그러므로 土를 쳐주는 木(藥)이 용신이 된다.

즉 日支의 辰중에 乙癸戊의 地藏干(지장간)이 있는데 이들 중에서 乙木이 곧 暗藏(암장)된 용신인 것이다.

實例 5

時柱	日柱	月柱	年柱	
己	甲	丁	戊	干
巳	辰	巳	申	支

實例 6

時柱	日柱	月柱	年柱	
丁	丁	癸	己	干
未	酉	酉	未	支

그리고 실예6의 사주는 丁火일주로 木을 만나야 한다. 그러나 酉
酉金이 金剋木하여 필요로 하는 木을 쳐내기 때문에 火를 사용하여
서 金의 기운을 빼내야 한다. 따라서 이 사주의 용신은 丁火가 된다.

4. 通關法

사주의 육신이 兩氣成相格(양기성상격)으로 兩大勢力(양대세력)
을 이루어서 그 세력이 서로 같을 경우가 있다. 이럴 경우에는 양대
세력을 조화시켜서 疏通(소통)을 시키는 육신이 용신이 된다. 이러
할 경우에 사용되는 방법이 通關法(통관법)이다.

실예7의 사주는 日干壬水(일간임수)가 冠帶(관대)를 타고 있는
신강사주이다. 子辰合(자진합)은 辰丑破(진축파)가 있기 때문에 合
局을 이루지 못하였다. 그리고 3土(丑辰戌)와 3水(壬壬子)가 양대
세력을 형성하고 있으므로 서로의 싸움을 말리는 木이 용신이 되는
것이다. 즉 木은 木剋土로 土의 기운도 빼면서 水生木으로 水의 기
운도 泄氣(설기)를 시키는 것이다.

實例 7　　　　1938. 3. 5. 子時

時柱	日柱	月柱	年柱	
壬	壬	甲	丁	干
子	戌	辰	丑	支

實例 8   1963. 1. 12. 丑時

時柱	日柱	月柱	年柱	
丁	乙	甲	癸	干
丑	卯	寅	卯	支

실예8의 사주는 日干乙卯(일간을묘)가 建祿(건록)을 갖고 있는 신강사주이다. 따라서 억부법을 사용하여 乙木을 설기를 시켜주는 火土가 용신이 되는 것이다.

5. 源流法

源流法(원류법)은 사주의 오행이 서로 상생하며 상생함을 쉬지 않고 도와주는 경우에 사용하는 방법이다. 즉 생회불식하며 오행이 끊이지 않고 흐르는 경우로 주류무대를 하는 경우에 사용한다.

실예9의 사주는 日干己土(일간기토)가 墓(묘)에 들어 있는 신약사주이다. 1월달 己土에 甲과 子가 있고 寅이 있으므로 힘을 보강해 주는 丙火가 용신이 되는 것이다.

實例 9   中國康熙字典의 著者天命

時柱	日柱	月柱	年柱	
甲	己	丙	甲	干
子	丑	寅	子	支

실예10의 사주는 日干癸水(일간계수)가 長生을 깔고 있는 사주이다. 2월달 正氣生으로 통근을 하지 못하였는데 日干癸水의 생조자는 2개뿐이고 설기자가 13개로 신약사주이다.

　　그래서 이 사주는 庚金이 용신이 되지만 이 사주에는 庚金이 없
다. 그래서 이 사주는 從兒格(종아격)으로 용신이 되는 金과 水가
歲運이나 大運에서 들어 올 때에 發福을 하고 吉한 것이다.

　　따라서 이 사주는 亥子丑(해자축)의 北方水運(북방수운)이 들어
온 17세부터 申酉戌(신유술)의 西方金運(서방금운)이 들어와 있던
77세 생일이전의 대운까지의 官祿運(관록운)이 대단히 좋은 사주라
할 것이다.

　　그래서 이사주는 21세에 고시합격을 이루었고 甲戌大運(갑술대
운)이 들어와 辰戌의 冲을 당하기 전까지는 승승장구를 하고 55세
에 관직을 내려온 것이다. 그리고 77세 辛未大運(신미대운)이 들어
오는 그 해에 자신의 생을 마감한 것이다.

實例 10　　　1935. 2. 24. 辰時(崔某長官)

時柱		日柱		月柱		年柱		
丙		癸		己		乙		干
辰		卯		卯		亥		支
乙		甲		甲10		戊		地
癸		◇		◇		甲		藏
戊		乙		乙20		壬		干
77	67	57	47	37	27	17	7	大
辛未	壬申	癸酉	甲戌	乙亥	丙子	丁丑	戊寅	運

第3節　調候用神分析論

　　調候(조후)란 오행이 冷(냉)·溫(온)·濕(습)·燥(조)로 사주가 이루

어짐을 말하는 것으로 조화를 이룰 수 있는 육신을 용신으로 삼는 방법이다. 즉 冷溫濕燥(냉온습조)의 氣候(기후)에 따른 용신론이 조후용신론인 것이다. 기후는 환경이며 계절로서 월령은 냉열습조를 갖는다.

그러므로 기후에 따라서 필요로 하여 사용하는 용신이 다르게 나타나는 것이다. 즉 더울 경우에는 차게하고, 찰 경우에는 덥게 하며, 마를 경우에는 습하게 하는 방법인데 대운도 그러한 운을 만나야 吉하다고 하는 논리이다.

예컨대 실예11의 사주는 日干癸水(일간계수)가 冠帶(관대)를 깔고 있는 사주이다. 12월생으로 통근을 하였는데 日干癸水의 생조자는 12개나 되지만 설기자는 4개뿐이므로 신강사주이다. 이 사주는 水의 기운이 많아 濕(습)한 사주이다. 또한 4丑이 있는데 丑은 金庫(금고)이므로 金의 기운이 강하기에 자연히 金生水해주므로 水의 기운이 더욱 강해지는 것이다.

따라서 이 사주에는 火가 필요한 것이다. 그래서 이 사주의 용신은 木火가 된다. 그러므로 이 사주는 木火用神(목화용신)으로서 남방·동방의 대운·세운을 만나면 팔자가 길해지는 것이다. 그래서 寅卯는 길하지만 辰丑의 破가 되는 辰에서는 직업·자손·건강 등에 변화가 많게 되며 移徙運(이사운)이 있게 되는 것이다.

實例 11

時柱	日柱	月柱	年柱	
癸	癸	辛	辛	干
丑	丑	丑	丑	支

한편 실예12의 사주는 日干壬水(일간임수)가 病을 깔고 있는 사

주이다. 日干壬水의 생조자는 10개이나 설기자는 6개로 신강사주이다. 地藏干에 들어 있는 것을 합하면 辛金이 6개로 많아서 水를 받쳐주어 차고 습함이다. 그런데 日支의 寅중 地藏干이 戊丙甲인데 이 중에 丙火가 덥게 해주므로 寅木이 용신이 된다.

實例 12

時柱	日柱	月柱	年柱	
辛	壬	辛	辛	干
丑	寅	丑	丑	支

한편 실예13의 사주는 日干丁火(일간정화)가 冠帶(관대)를 깔고 있는 사주이다. 日干丁火의 생조자는 10개이나 설기자는 5개로 신강사주이다. 이 사주에서 용신의 대상은 水金土인데 이 중에서 조후법을 사용하면 용신이 未土가 된다.

그리고 전왕법으로 보면 종왕격이면서 격국이 염상격이므로 용신이 丙火가 되는데 土木의 운이 와도 길하다. 그러나 억부법은 사용하지 않는데 그 이유는 未土가 卯木의 庫이기 때문에 그러한 것이다. 이 사주에서 未土 대신 丑이라면 丑은 酉金의 金庫이기 때문에 丑이 용신이 되는 것이다.

實例 13

時柱	日柱	月柱	年柱	
丙	丁	丙	丁	干支
午	未	午	巳	

사주명리학에서 조후용신은 자연현상을 염두에 두고 자연현상에 비유하여 파악하는 것이다. 여기에서 소개되는 조후용신론의 내용

은 窮通寶鑑(궁통보감)의 내용을 참고로 요점만 요약정리하고 보완하였다. 특히 조후용신론에서 木日柱와 水日柱는 나무와 물로 그 생성과정이 있기 때문에 아주 많이 사용한다.

이 장에서는 10天干日柱(천간일주)의 生月別調候用神(생월별조후용신)에 대해서 요점식으로 정리하여 고찰하기로 한다.

1. 甲木日柱의 調候用神論

甲木은 死木(사목)이지만 땅에 뿌리를 박고 있을 경우에는 大林木(대림목)이 된다. 生月別(생월별)로 甲木日柱의 調候用神(조후용신)을 정리하여 요약해 보면 다음과 같다.

〈表 4-5〉 1/2/3(春)月生 甲木日柱의 調候用神論

甲日柱	用神順	調候必要性과 解說
(寅) 1월생	丙 火 癸 水	1월 甲木은 丙火로 따뜻하게 조후해 陽氣充滿시킴 1월 甲木은 쌀쌀하므로 先태양하고 後우로수(必要)
(卯) 2월生	庚 金 丙丁火 戊己土	2월 羊刃월-거센 甲木을 庚金이 제압시켜야 함 中和用의 戊己土로 火를 빼내고 庚金을 보호함 2월 木은 枝葉多出하므로 ① 庚金으로 가지치기로 木保護해야 結實이 좋음 ② 丙丁火(태양빛) ③ 태양빛이 過强時에 土를 씀
(辰) 3월生	丙 火 丁 火 壬 水	3월 甲木은 월령에 辰土가 있어 庚金이 生을 받아 강하고 예리해짐 丁火로 金剋木해오는 殺을 눌러주고 壬水로 庚金의 氣를 빼면서 甲木을 살려주어야함

〈表 4-6〉 4/5/6(夏)月生 甲木日柱의 調候用神論

甲日柱	用神順	調候必要性과 解說
(巳) 4月生	癸 水 庚 金 丁 火	4월 甲木은 火氣조열함-癸水를 써서 制化해야 함 庚金으로 癸水의 근원을 발생시켜 줌 庚金을 제거하기 위해 丁火를 씀 사주내 水氣가 없으면-庚金이 甲木을 剋하고 傷官逢殺時-平地風波가 일어나기 때문임
(午) 5月生	癸 水 庚 金 丁 火	5월은 火氣가 과열하니-癸水로서 조후하고 庚金으로서 癸水를 生해주어야 하며 庚金이 盛하면-丁火로 제압해야 함
(未) 6月生	癸 水 庚 金 丁 火	6월 甲木은 癸水를 써야 하는데 상반월-5월(同)/하반월-庚金과 丁火를 같이 씀 水氣運이 前進되어 오는 시기이므로

〈表 4-7〉 7/8/9(秋)月生 甲木日柱의 調候用神論

甲日柱	用神順	調候必要性과 解說
(申) 7月生	丁 火 壬 水	7월 甲木은 月令申金-得祿해 강함-丁火로 녹여줌 丁火(無時)-壬水로 申金을 설기해 甲木을 生함 庚金剋甲木(時)-癸水를 보면 살인상생(不貴成富함)
(酉) 8月生	庚 金 丙 火 丁 火	8월 甲木은 收穫對象-庚金 先사용해 잘라야 됨 丙火로서 後에 調候하여 庚金을 다스리고 丁火로서 庚金을 制殺함
(戌) 9月生	庚 金 壬癸水 丁 火	9월 甲木은 庚金으로 水昌함-물을 풍부/맑게함 壬癸水로서 자윤함-스스로 윤택하게함 丁火로 제살함-살인상생 9월은 土旺한 까닭이고 火庫이기 때문임

〈表 4-8〉 10/11/12(冬)月生 甲木日柱의 調候用神論

甲日柱	用神順	調候必要性과 解說
(亥) 10月生	庚 金 丁丙火 戊 土	10월 甲木-庚金先使用時-丁火로 制殺/丙火로 조후 戊土로서 木을 썩지 않게 制水함(물을 막아줌) 10월은 亥중의 壬水가 강하기 때문임
(子) 11月生	庚 金 丁丙火 戊 土	11월 甲木은 庚金사용/丁火로 제살/丙火로 조후함 戊土로 木이 썩지 않게 막아줌 11월은 子중의 壬水가 강하기 때문임
(丑) 12月生	丁 火 庚 金 丙 火	12월 甲木은 丁火많고/庚金-丙火가 있어야 조후함 庚金은 水源으로서 물의 발원·근원임 庚金子孫은 癸水(生水)-癸水로 生木하는 이치임

2. 乙木日柱調候用神論

〈表 4-9〉 1/2/3(春)月生 乙木日柱의 調候用神論

乙日柱	用神順	調候必要性과 解說
(寅) 1月生	丙 火 癸 水	1월 乙木은-丙火로 解凍/癸水로 자윤함이 좋음 丙火가 過多하면 木이 말라죽기에 火가 過多하면 우접이 되게 木을 씀이 당연함
(卯) 2月生	丙 火 癸 水	2월 乙木은-丙火/癸水로 木(자양)-火로 水氣를 뺌 乙이 庚金을 보면-庚金이 乙木을 찍어버리고 乙庚合이 金으로 化하기 때문임(자기성질-상실함)
(辰) 3月生	丙 火 癸 水 戊 土	3월 乙木은 丙火/癸水/戊土를 취함 월령의 地支에 水局을 이루면-戊土를 취하여 水氣를 빼는 도움얻음-水過多時 浮草가 되기 때문임

乙木은 生木(생목)으로 약한 나무이고 화초·풀·잔디·넝쿨에 해당
된다. 生月別로 乙木日柱의 調候用神(조후용신)을 살펴서 정리요약
을 해보면 〈表 4-9〉, 〈表 4-10〉, 〈表 4-11〉, 〈表 4-12〉와 같다.

〈表 4-10〉 4/5/6(夏)月生 乙木日柱의 調候用神論

乙日柱	用神順	調候必要性과 解說
(巳) 4月生	癸 水	4월 乙木은 癸水씀/月令(戊庚丙)의 丙火가 得祿 오로지 癸水를 쓰느니 조후가 급함
(午) 5月生	水 丙 火	5월 乙木은 癸水/丙火씀/상반월─丙火가 강해 癸水씀 하반월─丙火癸水병용함/己濕土가 土를 자양해 줌
(未) 6月生	癸 水 丙 火	6월 乙木은 癸水─丙火씀/癸水씀─土(윤택)/木을 기름 사주내에 金과 水가 많으면 丙火를 씀

〈表 4-11〉 7/8/9(秋)月生 乙木日柱의 調候用神論

乙日柱	用神順	調候必要性과 解說
(申) 7月生	丙 火 癸 水 己 土	7월 乙木은 丙火/癸水/己土를 씀 월령이 庚金이니─丙火를 취하여 庚金을 제지하고 癸水로 동화시키면─用丙/用癸함이고 己土를 돕는 것이 좋음
(酉) 8月生	癸 水 丙 火 丁 火	8월 乙木은 癸水/丙火/丁火를 씀 상반월(癸水先用/丙火後用)/하반월(丙火先用/癸水 後用)─癸水가 없을시 壬水를 쓰고 地支에 水局이루면─水증발시키는 丁火를 씀이 좋음
(戌) 9月生	辛 金	9월 乙木은 辛金을 씀/金으로서 수원을 바람 支柱木인 甲木을 보면 굉장히 길함

〈表 4-12〉 10/11/12(冬)月生 乙木日柱의 調候用神論

乙日柱	用神順	調候必要性과 解說
(亥) 10月生	丙火 戊土	10월 乙木은 木根局이므로-丙火와 戊土를 씀 乙木이 陽으로 향하니-오로지 丙火를 취하고 水가 많으면-水를 제압하는 戊土로서 도움
(子) 11月生	丙火	11월 乙木은 丙火를 씀 추울때에 나무가 햇볕을 바라니 丙火를 씀 癸水를 보면 추워서 木이 얼어버림으로 좋지 않음
(丑) 12月生	丙火	12월 乙木은 오로지 丙火(태양불)를 씀 추운 골짜기에 봄을 원하는 형상이므로

3. 丙火日柱調候用神論

〈表 4-13〉 1/2/3(春)月生 丙火日柱 의 調候用神論

丙日柱	用神順	調候必要性과 解說
(寅) 1月生	壬水 庚金	1월 丙火는 壬水와 庚金을 씀 丙火가 寅月로 통근하여-木生火로 丙火가 강해짐 壬水가 용신되면-水가 통관되어야 함 庚金으로 수호받아야-壬水用神이 튼튼한 것임 水氣運 빼주는 木이 있어야-용신이 완전한 것이 됨
(卯) 2月生	壬水 己土	2월 丙火는 壬水만 쓰지만/己土도 씀 水過多時에-戊土로 제지/身弱時 印星(木)으로 和함 壬水가 없으면-己土로서 火의 기운을 빼주어야 함
(辰) 3月生	壬水 甲木	3월 丙火는 壬水만을 쓰지만/甲木도 씀 土가 많을 경우에-甲木으로서 土를 제지함

丙火는 태양불이다. 生月別로 丙火日柱의 調候用神(조후용신)을 살펴서 정리요약해 보면 〈表 4−13〉, 〈表 4−14〉, 〈表 4−15〉, 〈表 4−16〉과 같다.

〈表 4−14〉 4/5/6(夏)月生 丙火日柱 의 調候用神論

丙日柱	用神順	調候必要性과 解說
(巳) 4月生	庚 金 壬 水 癸 水	4월 丙火는 庚金·壬水(用)/壬水없을시 癸水를 씀 火득세하고−庚金이 壬水를 도와서 水源이 됨 戊土가 壬水를 제극함을 꺼림
(午) 5月生	壬 水 庚 金	5월 丙火는 壬水와 庚金을 씀 壬水와 庚金이−申중에 통근되면 발전이 있음
(未) 6月生	壬 水 庚 金	6월 丙火는−壬水(用)·庚金으로 도움을 줌 월령 未의 地藏干(丁乙己)이 있어 강한불이 되므로

〈表 4−15〉 7/8/9(秋)月生 丙火日柱의 調候用神論

丙日柱	用神順	調候必要性과 解說
(申) 7月生	壬 水 戊 土	7월 丙火는 壬水와 戊土를 씀 壬水가 월령의 申(己戊壬庚)중에 통근하므로 壬水가 많으면 戊土를 취하여 제지하여야 함
(酉) 8月生	壬 水 癸 水	8월 丙火는 壬水와 癸水를 씀 신강사주에 丙火많고 壬水가 1개면 매우 좋음 壬水가 없을 경우에는 癸水를 대용함 신약의 경우−甲木(用)/甲木(無時)乙木을 써도됨
(戌) 9月生	甲 木 壬 水	9월 丙火는 甲木과 壬水를 씀 土가 빛을 빼앗김을 두려워하므로 先甲木(用)하여 土를 제지후−壬水를 後用함

〈表 4-16〉 10/11/12(冬)月生 丙火日柱의 調候用神論

丙日柱	用神順	調候必要性과 解說
(亥) 10月生	甲 木 戊 土 庚 金 壬 水	10월 丙火는 甲木-戊土-庚金-壬水를 씀 월령의 亥中 地藏干(戊甲壬)에 壬水가 사령하였으나 水旺하면-甲木으로서 水의 기운을 빼서 和하고 神殺(壬癸水)이 兩旺하고 相强하면-戊土로 殺제 지함 火强하면 壬水를 쓰고/木强하면 庚金을 씀이 좋음
(子) 11月生	甲 木 壬 水 戊 土	11월 丙火는 甲木-壬水-戊土를 씀 丙火일주가 월령子中 地藏干(壬癸)에 통근못하여 陽기운을 바라니 丙火가 약한 가운데 더 약하게 됨 그래서 壬水를 쓰면 戊土로서 제지함이 마땅함
(丑) 12月生	壬 水 甲 木	12월 丙火는 壬水와 甲木을 씀 신강할 때는 壬水가 喜用(희용)하고 월령丑의 地藏干(癸辛己)에-土多니 甲木씀이 마 땅함

4. 丁火日柱調候用神論

丁火는 화산·용강로·달빛·별빛·전기불·모닥불·약한불 등을 의미
한다. 生月別로 丁火日柱의 調候用神(조후용신)을 살펴 정리 요약
해 보면 다음과 같다.

〈表 4-17〉 1/2/3(春)月生 丁火日柱의 調候用神論

丁日柱	用神順	調候必要性과 解說
(寅) 1月生	甲木 庚金	1월 丁火는 甲木과 庚金을 씀/金으로 大木을 쪼개어 쏘시개를 만드는 원리임/월령 寅의 地藏干(戊丙甲)에서/庚金으로 甲木을 쪼개어서 丁火를 인도함/1월은 추운달이기에 전기불·모닥불은 태울줄 모름/그래서 도끼로 잘게 부수어 불이 붙게 함
(卯) 2月生	庚金 甲木	2월 丁火는 庚金과 甲木을 씀 월령 卯의 地藏干(甲乙)에서 乙木을 버리고 甲木으로 丁火를 인도함―이유는 乙庚의 합이 되므로
(辰) 3月生	甲木 庚金	3월 丁火는 甲木과 庚金을 씀 甲木으로 丁火를 인도하여 土를 제토한 다음에 월령辰의 地藏干(乙癸戊)에서―木이 盛하면 庚金을 씀 水가 盛하면 戊土를 씀

〈表 4-18〉 4/5/6(夏)月生 丁火日柱의 調候用神論

丁日柱	用神順	調候必要性과 解說
(巳) 4月生	甲木 庚金	4월 丁火는 甲木과 庚金을 씀/甲木을 취하여 丁火를 인도하고/甲木이 많으면 庚金을 먼저 취하여 씀 신약이면 甲木을/신강이면 庚金을 씀
(午) 5月生	壬水 庚金 癸水	5월丁火는 壬水―庚金―癸水를 씀/木過多時 庚金과 壬水를 써야 貴함/壬水가 없으면 癸水씀/得殺(七殺)에 權殺(權力)을 잡은격/丁火일주가 癸水를 볼 때 득살했다고 함/신강時 偏官은 政治官(권살)―권력잡은격
(未) 6月生	甲木 壬水 庚金	6월 丁火는 甲木―壬水―庚金씀/甲木으로서 壬水를 和하여 丁火를 引用함/甲木을 씀에 능히 庚金이 없을 수 없으니 庚金을 취하여 도움을 줌/6월은 乙木이어서 잘 타지만/甲木은 통나무이기에 모닥불에 안탐/월령未의 地藏干(丁乙己)의 己土가 불을 꺼버림

〈表 4-19〉 7~12(秋冬)月生 丁火日柱의 調候用神論

丁日柱	用神順	調候必要性과 解說
申一酉 7/8月生	甲木 庚金 丙火 戊土	7월 丁火는 甲木-庚金-丙火-戊土씀/庚金을 취하여 甲木을 쪼개고/甲木없으면 乙木씀/丙火를 써서 木을 덥게하고 庚金을 빛나게 함/庚金과 甲木이 없으면 乙木을 쓰지만/丙火를 보아야 어려움이 없어짐 /水가 많으면 戊土를 써야 함
戌 9月生	甲木 庚金 戊土	9월 丁火는 甲木-庚金-戊土를 씀 戊土에 甲木이 없으면-傷官-官을 傷盡하게 함 氣盡脈盡하게 됨
亥子丑 10-11 12月生	甲木 庚金	10월 11월 12월 丁火는 甲木-庚金을 씀 庚金으로서 甲木을 쪼개는 것을 도와서 丁火를 인도하니 甲木을 위주로 함 신강사주시-戊土/癸水로 氣運따라 적당히 씀

5. 戊土日柱調候用神論

戊土는 高山의 흙이요 燥土(조토), 즉 마른흙이기 때문에 山의 원리를 적용한다. 이같이 조토는 마른흙이므로 濕土(습토)를 만들어야만 한다. 즉 마른흙이므로 먼저 水가 필요하고 그 다음에 火와 木이 필요한 것이다.

예를 들어 戊土日柱에게 水는 財이고 火는 知識(지식)과 實力(실력)이 되므로 이렇게 財官을 갖추어야 發展이 있는 것이다. 또 戊土일주에게 木은 官과 名譽(명예)가 되는데 이런 다스림이 함께 필요함인 것이다. 生月別로 戊土日柱의 調候用神(조후용신)을 살펴서 정리 요약해 보면 다음과 같다.

〈表 4-20〉 1/2/3(春)月生 戊土日柱의 調候用神論

戊日柱	用神順	調候必要性과 解說
(寅卯) 1/2月生	丙火 甲木 癸水	1월 戊土는 丙火·甲木·癸水를 씀 丙火의 따뜻함이 없으면 戊土가 생하지 못하고 甲木의 때려줌이 없으면 만물이 자라지 못하니 先用丙火하고 後用癸水하여ー土를 자양하게 함
(辰) 3月生	丙火 甲木 癸水	3월 戊土는 丙火·甲木·癸水를 씀 戊土가 辰월의 地藏干(乙癸戊)에 司令(通根)하니 先甲木(쟁기·식목)으로ー疏通(밭갈기)시키고 後用丙火와 癸水를 써서ー燥土에 축축함이 있어야 만 함ー즉 마른 땅에 나무를 심을 수 없으므로

〈表 4-21〉 4/5/6(夏)月生 戊土日柱의 調候用神論

戊日柱	用神順	調候必要性과 解說
(巳) 4月生	甲木 丙火 癸水	4월 戊土는 甲木·丙火·癸水를 씀 戊土가 巳월에 建祿을 하니 먼저 甲木의 쟁기로 戊土를 갈고 삼바리로 다듬고 후에 丙火와 癸水를 씀
(午) 5月生	壬水 甲木 丙火	5월 戊土는 壬水·甲木·丙火를 씀 午월의 地藏干이 丙己丁이므로 5월의 戊土가 전조해 조후가 급하니 先用壬水와 甲木을 쓰고ー신약일 때에는 丙火를 쓴다
(未) 6月生	癸水 丙火 甲木	6월 戊土는 癸水·丙火·甲木씀/未월 地藏干이 丁乙己이므로/6월의 戊土가 조후가 급하니ー癸水를 쓰고 丙火를 같이 씀/土가 있으면 甲木있어야 함

〈表 4-22〉 7/8/9(秋)月生 戊土日柱의 調候用神論

戊日柱	用神順	調候必要性과 解說
(申) 7月生	丙 火 癸 水 甲 木	7월 戊土는 丙火-癸水-甲木을 씀 寒氣가 점증(盛)하니 先用甲木으로 水기운을 빼고 후에 丙火를 씀이 마땅함
(酉) 8月生	丙 火 癸 水	8월 戊土는 丙火-癸水를 씀/丙火의 따뜻함에 의지 하고/水로 土기운을 자윤하게 함이 기쁨
(戌) 9月生	甲 木 丙 火 癸 水	9월 戊土는 甲木-丙火-癸水를 씀 土기운이 점증(盛)하니 先用甲木으로 다스리고-후 에 丙火를 씀/金을 보면 먼저 丙火를 취하니-甲木 이 不令(不通根)하고/丙火아니면 따뜻지 아니함

〈表 4-23〉 10/11/12(冬)月生 戊土日柱의 調候用神論

戊日柱	用神順	調候必要性과 解說
(亥) 10月生	甲 木 丙 火	10월 戊土는 甲木-丙火씀/甲木이 아니면 戊土의 정신이 없고/丙火가 아니면 따뜻하게 하지 못함
(子丑) 11/12月生	丙 火 甲 木	11월 戊土는 丙火-甲木씀/丙火를 으뜸으로 하고 甲木으로서 丙火에 도움을 줌

6. 己土日柱調候用神論

己土는 전원토·습토·밭의 흙으로서 만물을 모두 받아 들이기 때
문에 犧牲精神(희생정신)이 강하다. 生月別로 己土日柱의 調候用神
(조후용신)을 살펴서 정리 요약해 보면 다음과 같다.

〈表 4-24〉 1~6(春夏)月生 己土日柱의 調候用神論

己日柱	用神順	調候必要性과 解說
(寅) 1月生	丙 火 庚 金 甲 木	1월 己土는 丙火-庚金-甲木을 씀 丙火를 취하여 寒氣解凍하니 壬水가 옴을 꺼림 水가 많으면 土로서 돕고/土가 많으면 甲木을 쓰며 甲木이 많으면 庚金을 씀
(卯) 2月生	甲 木 癸 水 丙 火	2월 己土는 甲木-癸水-丙火를 씀 甲木을 쓰면 己土가 合하여 소용이 없게 되므로 癸水로서 윤택하게 하여야 함
(辰) 3月生	丙 火 癸 水 甲 木	3월 己土는 丙火-癸水-甲木을 씀 丙火·癸水로 土를 따뜻하게 하고 윤택하게 함 그후에 甲木으로 밭을 갈아 주어야 함
巳午未 4~6月	癸 水 丙 火	4-5-6월은 따뜻하여 조후가 급하니 癸水를 반드시 써야 하며 丙火가 있어야 함

〈表 4-25〉 7~12(秋冬)月生 己土日柱의 調候用神論

己日柱	用神順	調候必要性과 解說
(申) 7月生	丙 火 癸 水	7월 己土는 丙火와 癸水를 씀/丙火로 따뜻하게 하고 癸水로 자윤케 함/申월의 地藏干은 己戊壬庚이므로/ 庚金이 사령하니 丙火로서 金을 제극하고/癸水로서 金의 기운을 빼준다
(酉) 8月生	丙 火 癸 水	8월 己土는 丙火와 癸水를 씀 辛金을 취하여 癸水에 도움을 줌
(戌) 9月生	甲 木 丙 火 癸 水	9월 己土는 甲木-丙火-癸水를 씀 戌월의 地藏干은 辛丁戊이므로 土가 盛하니 甲木으로 土를 다스려주고 후에 丙火와 癸水를 씀
亥子丑 11~12 月生	丙 火 甲 木 癸 水	10-11-12월의 己土는 丙火-甲木-癸水를 씀 겨울밭은 丙火(태양)로 안따뜻하면 生하지 못함 초겨울은 壬水가 강하니 戊土로 제극해야 하고 土가 많으면 甲木을 취해 속토(밭갈이)를 해야 함

7. 庚金日柱調候用神論

庚金은 광산의 금이나 단단한 금이고 칼과 같은 금을 의미한다. 生月別로 庚金日柱의 調候用神(조후용신)을 살펴서 정리 요약해 보면 다음과 같다.

〈表 4-26〉 1/2/3(春)月生 庚金日柱의 調候用神論

庚日柱	用神順	調候必要性과 解說
(寅) 1月生	戊土 甲木 丙火 丁火	1월 庚金은 戊土-甲木-丙火-丁火를 씀 寅월의 地藏干은 戊丙甲임 丙火로 녹여 庚金의 성질을 따뜻하게 함 土가 많으면 金이 묻혀버릴 수 있음으로-木으로 土의 기운을 빼주고/火가 많으면-土를 써서 金을 보호하고/地支에 火局을 이루었으면 壬水를 씀
(卯) 2月生	丁火 甲木 庚金 丙火	2월 庚金은 丁火-甲木-庚金-丙火를 씀 卯월의 地藏干이 甲乙이므로 庚金을 暗强(乙庚合)하게 하니-오로지 丙火를 씀 甲木을 빌려서 丁火의 기운을 강하게 함 丁火가 없으면 丙火를 씀
(辰) 3月生	甲木 丁火 壬水 癸水	3월 庚金은 甲木-丁火-壬水-癸水를 씀 辰월의 地藏干이 乙癸戊임 强金이면 丁火를 쓰는 것이 좋고/土가 많으면 木을 써서 土의 기운을 뺌/庚金은 乙木을 쓰지 않음-乙庚合이 되기 때문임/地支에 火가 있으면 癸水씀이 좋고/干에 戊癸合火가 있으면-壬水를 쓰는 것이 좋음

〈表 4-27〉 4/5/6(夏)月生 庚金日柱의 調候用神論

庚日柱	用神順	調候必要性과 解說
(巳) 4月生	壬水 戊土 丙火 丁火	4월 庚金은 壬水-戊土-丙火-丁火를 씀 巳월의 地藏干은 戊庚丙임 4월 丙火는 강한 태양불이나-庚金을 녹일수가 없음 (지장간의 戊庚丙 때문임)/그래서 4月庚金은 오로지 水의 제극을 좋아하고/후에 戊土로 丙火의 기운을 빼줌/地支에 金局을 이루었으면-약한 것이 변하여 강한 것이 되니-丁火(火山爆發)씀
(午) 5月生	壬水 癸水	5월 庚金은 壬水와 癸水를 씀 午월의 地藏干은 丙己丁으로 5월은 火氣가 강하기 때문에-壬水先用後 癸水를 씀 地支의 庚金과 辛金을 보면 도움이 됨 壬水나 癸水가 없으면-戊土나 己土로서 火의 기운을 빼서 金을 도와줌
(未) 6月生	丁火 甲木	6월 庚金은 丁火와 甲木을 씀 地支에 土過多時-先用甲木으로 土治後 丁火를 씀

〈表 4-28〉 7/8/9(秋)月生 庚金日柱의 調候用神論

庚日柱	用神順	調候必要性과 解說
(申) 7月生	丁火 甲木	7월 庚金은 丁火와 甲木을 씀 申월의 地藏干은 己戊壬庚임으로 庚金일주의 뿌리가 튼튼히 박혀 신강하니 오로지 丁火를 쓰고 甲木으로서 丁火를 인도함
(酉) 8月生	丁火 甲木 丙火	8월 庚金은 丁火-甲木-丙火를 씀 丁火와 甲木으로서 金을 다루고 丙火를 겸용하여 조후를 함
(戌) 9月生	甲木 壬水	9월 庚金은 甲木과 壬水를 씀 土가 厚하면 先甲木으로 土治後-壬水로 金을 씻어줌-金이 泄氣되면 깨끗해짐(金이 水속에서 빛남)/己土가 壬水를 흐리게함-己土에 金이 묻혀버림

〈表 4-29〉 10/11/12(冬)月生 庚金日柱의 調候用神論

庚日柱	用神順	調候必要性과 解說
(亥) 10月生	丁火 丙火	10月 庚金은 丁火와 丙火를 씀 亥水가 寒冷하고 庚金이 추우니-丙火와 丁火를 쓰고-후에 甲木으로 데워줌
(子丑) 11/12 月生	丙火 丁火 甲木	11月 庚金은 丙火-丁火-甲木을 씀 11-12月은 추우니-丁火를 취하고 甲木으로 도우며-그후 丙火의 맑고 따뜻함을 취함/一波錦水(金水로 파도가 일어남)면-和暢한 곳에 못들어가므로 외롭고 가난하게 됨/丙火와 丁火가 寅巳午未戌의 地支에 다다르면 힘이 있음/寅中丙火/巳中丙火/午中丙火/未中乙木과 丁火/戌中丁火

8. 辛金日柱調候用神論

〈表 4-30〉 1/2/3(春)月生 辛金日柱의 調候用神論

辛日柱	用神順	調候必要性과 解說
(寅) 1月生	己土 壬水 庚金	1月 辛金은 己土-壬水-庚金을 씀 辛金이 月令喪失(환경망각)함-己土로 몸을 살려주고/신약으로 통근을 못했을 때는-金의 發用(빛을 냄)은 오로지 壬水의 공에 의지하므로-壬水와 己土를 병용하고/庚金으로 약한 金을 도와주어야 함
(卯) 2月生	壬水/甲木	신강사주일 경우에는 壬水와 甲木을 씀
	戊土/己土	신약사주일 경우에는 戊土와 己土를 씀
(辰) 3月生	壬水 甲木	3月 辛金은 壬水와 甲木을 씀 만일 丙火와 辛金의 合을 보면-癸水로 丙火를 제극하고/辛金이 地支에 亥子申을 보면 貴해짐/亥-沐浴, 子-長生, 申-帝旺/亥中에는 地藏干의 戊甲壬이 있음(戊-印綬, 甲-正財, 壬-傷官)

辛金은 주옥·보석·비·안개를 의미한다. 生月別로 辛金日柱의 調候用神(조후용신)을 살펴서 정리 요약해 보면 〈表 4–30〉, 〈表 4–31〉, 〈表 4–32〉, 〈表 4–33〉과 같다.

〈表 4–31〉 4/5/6(夏)月生 辛金日柱의 調候用神論

辛日柱	用神順	調候必要性과 解說
(巳) 4月生	壬 水 甲 木 癸 水	4월 辛金은 壬水–甲木–癸水를 씀 壬水로서 辛金을 洗滌하고 조후용신이 되니 甲木으로 戊土를 제지하면 一淸이 철저하고 확연함
(午) 5月生	壬 水 己 土 癸 水	5월 辛金은 壬水–己土–癸水를 씀 己土는 壬水없이는 濕하지 못하고/辛金은 己土가 없으면 生하지 못하므로–壬水와 己土를 병용함
(未) 6月生	壬 水 庚 金 甲 木	6월 辛金은 壬水–庚金–甲木을 씀 壬水를 쓰고 庚金을 취하여 이익을 도움 戊土의 出干을 매우꺼림–戊土가 出干하면 辛金이 묻혀죽음–그래서 甲木으로 戊土를 제지함이 마땅함

〈表 4–32〉 7/8/9(秋)月生 辛金日柱의 調候用神論

辛日柱	用神順	調候必要性과 解說
(申) 7月生	壬 水 甲 木 戊 土	7월 辛金은 壬水–甲木–戊土를 씀 壬水로서 上을 삼고–甲木을 참작하니 癸水를 쓰는것이 불가함
(酉) 8月生	壬 水 甲 木 丁 火	8월 辛金은 壬水–甲木–丁火를 씀 壬水로 세척하고/戊己土를 보면 甲木으로 制土하고 /地支에 金局을 이루었으면–壬水로 빼주고 壬水가 없으면 丁火를 쓰는 것임
(戌) 9月生	壬 水 甲 木	9월 辛金은 壬水–甲木을 씀 신강하면 火와 土가 질병이 되니–水와 木으로서 藥을 삼음/戌중에 辛(金)丁(火)戊(土)→辛金으로 지나치게 辛金이 강해져서 질병이 됨

〈表4-33〉 10/11/12(冬)月生 辛金日柱의 調候用神論

辛日柱	用神順	調候必要性과 解說
(亥) 10月生	壬水 丙火	10월 辛金은 壬水-丙火를 씀 先用壬水하고 後用丙火함-그러면 金白水靑함 11월 辛金은 丙火-戊土-壬水-甲木을 씀
(子) 11月生	丙火 戊土 壬水 甲木	겨울에 丙火가 辛金을 능히 원활하게 함을 빠트릴 수 없음-丙辛合이 水가 되므로-金氣運이 약하고 水氣運이 강해짐/그래서 戊土로서 水를 제지하고- 후에 甲木으로 水氣運을 빼고 火氣運을 살림
(丑) 12月生	丙火 壬水 戊土 己土	12월 辛金은 丙火-壬水-戊土-己土를 씀 11월과 같으나 壬水를 쓰는 이유는-辛金을 맑게 닦아주어야 하고-壬水를 쓰면 水가 왕성하기 때문 에-己土와 戊土로서 辛金을 보호해야 함

9. 壬水日柱調候用神論

表4-34〉 1/2/3(春)月生 壬水日柱의 調候用神論

壬日柱	用神順	調候必要性과 解說
(寅) 1月生	庚金 丙火 戊土	1월 壬水는 庚金-丙火-戊土를 씀 比劫없는 신약사주는-오로지 庚金을 쓰고(戊土를 쓰지않음)/丙火로 따뜻한 기운을 돋움/ 比劫있는 신강사주는-제극함이 좋으니-治水의 방 법으로 堤防土를 만들어 줘야함-戊土가 出干하면/ -丈當官(큰권리잡음)으로 부하가 自伏하게 됨
(卯) 2月生	辛金 戊土 庚金	2월 壬水는 辛金-戊土-庚金을 씀 봄엔 壬水가 絶地(끊어져 막힌땅)가 되니-庚金 辛 金으로 水源을 바라고 취함/水過多時 다시 戊土씀
(辰) 3月生	甲木 庚金	3월 壬水는 甲木과 庚金을 씀 甲木으로 土를 쪼개고/庚金으로 水의 根源을 삼고 金이 많으면 丙火로서 제극을 함이 묘함

壬水는 死水(사수)로 天干에서는 비(雨)이고 地支에서는 큰물로 長流水(장류수)이다. 生月別로 壬水日柱의 調候用神(조후용신)을 살펴서 이를 정리하고 요약해 보면 〈表 4−34〉, 〈表 4−35〉, 〈表 4−36〉, 〈表 4−37〉과 같다.

〈表 4−35〉 4/5/6(夏)月生 壬水日柱의 調候用神論

壬日柱	用神順	調候必要性과 解說
(巳) 4月生	庚金 辛金 癸水	4월 壬水는 庚金−辛金−癸水를 씀 4월(戊庚丙)에는 比肩과 印綬가 극약하니−印星(庚金−辛金)으로 水源삼고/比劫(壬水−癸水)로 보강함
(午) 5月生	庚金 癸水 辛金	5월 壬水는 庚金−癸水−辛金을 씀 偏印(庚金)을 취해 水源을 삼고/劫財(癸水)를 취해 도우는데/庚金이 없으면−印綬(辛金)씀도 무방함
(未) 6月生	辛金 甲木	6월 壬水는 辛金과 甲木을 씀 印星(庚金−辛金)으로 水의 근원을 바라고 甲木으로서 土를 속토(밭갈이)시켜 주는 것임

〈表 4−36〉 7/8/9(秋)月生 壬水日柱의 調候用神論

壬日柱	用神順	調候必要性과 解說
(申) 7月生	丁火 戊土	7월 壬水는 戊土와 丁火를 씀 丁火를 취하여 戊土를 돕고 庚金을 제극하며 戊土가 辰과 戌에 통근하면 좋음
(酉) 8月生	甲木 庚金	8월 壬水는 甲木과 庚金을 씀 甲木이 없으면 金으로서 水源을 바라니 혼자있는 물(1壬일때)이 庚金을 가지면 온전함
(戌) 9月生	甲木 丙火	9월 壬水는 甲木과 丙火를 씀 戌월의 地藏干은 辛丁戊임 甲木으로서 戌중의 戊土를 제하고 丙火로서 도움

〈表 4-37〉 10/11/12(冬)月生 壬水日柱의 調候用神論

壬日柱	用神順	調候必要性과 解說
(亥) 10月生	甲 木 庚 金	10월 壬水는 甲木과 庚金을 씀/甲木을 化하여 戊土를 제하면－庚金으로 水源을 도움
(子) 11月生	戊 土 丙 火	11월 壬水는 戊土와 丙火를 씀 水가 旺盛하면 戊土가 좋고/조후에는 丙火가 좋음 11월 水는 차가워서 얼어버리므로
(丑) 12月生	丙 火 甲 木	12월 壬水는 丙火와 甲木을 씀 丑월의 地藏干은 癸辛己임/상반월－오로지 丙火를 쓰고/하반월－甲木으로 속토해 도움－하반월엔 木이 있어－己土의 흙을 쳐내버려야만이－水의 활동력을 강화시켜줄 수 있음/丑중에 癸水와 辛金이 있기에－차가운 것을 열어줘야－물에 활동력이 강해짐

10. 癸水日柱調候用神論

癸水는 雨露水(우로수)로 비와 이슬이다. 天干에서는 안개·이슬이고, 地支에서는 물·빗물·생수·작은물 등이다. 生月別로 癸水日柱의 調候用神(조후용신)을 살펴서 이들을 정리하고 요약해 보면 다음과 같다.

〈表 4-38〉 1/2/3(春)月生 癸水日柱의 調候用神論

癸日柱	用神順	調候必要性과 解說
(寅) 1月生	辛金 丙火	1월 癸水는 辛金과 丙火를 씀 寅월의 地藏干은 戊丙甲임-辛金으로 水의 근원을 만들어 줌/정월에 寒氣가 있으니-丙火로서 따뜻하게 해줌/만약 辛金이 없으면 庚金을 쓰지만-丙辛合의 水가 되므로 丙火가 못막음
(卯) 2月生	庚金 辛金	2월 癸水는 庚金과 辛金을 씀 卯월의 地藏干은 甲乙임-乙木이 사령하였으니 乙木을 제압하기 위하여 庚金을 씀(乙庚合金) 庚金이 없을 경우에는 辛金으로 代用함
(辰) 3月生	丙火 辛金 甲木	3월 癸水는 丙火-辛金-甲木을 씀 辰월의 地藏干은 乙癸戊임/상반월-丙火만 쓰고 하반월-丙火를 쓰지만-辛金과 甲木도 도움이 됨 *丙火는 財로서 씀 *辛金은 水源을 형성에 필요함 *甲木은(3월에 土가 加重하기에) 土의 제압용(필요)

〈表 4-39〉 4/5/6(夏)月生 癸水日柱의 調候用神論

癸日柱	用神順	調候必要性과 解說
(巳) 4月生	辛金	4월 癸水는 辛金을 전용함/巳의 地藏干은 戊庚丙임 4월에는 丙火의 財가 왕성하니-辛金이 없을 경우에 는 庚金을 사용함-즉 강한 丙이 庚을 녹여버려 庚金 이 辛金(水源)으로서 도움을 주기 때문임
(午) 5月生	庚金 壬水 癸水	5월 癸水는 庚金-壬水-癸水(用)/午-地藏干(丙己丁) 5월-火强하기에 金水(用)-丁火가 석권하였기에 金으로 火를 견디기 어려우니-比肩(癸水)과 劫財(壬 水)겸용함/水源형성위해-印綬(庚金)·偏印(辛金)겸용
(未) 6月生	庚金 辛金 壬水 癸水	6월 癸水는 庚金-辛金-壬水-癸水(用) 未월의 地藏干은 丁乙己임 상반기-너무 열조하여 火氣가 성하고 金이 쇠약하므 로-比肩(癸水)과 劫財(壬水) 등이 도우면 좋음 하반월-旺土氣運이 돌기에-比劫을 않써도 무방함

〈表 4-40〉 7/8/9(秋)月生 癸水日柱의 調候用神論

癸日柱	用神順	調候必要性과 解說
(申) 7月生	丁火	7월 癸水는 丁火(用)/7월-金强해 水의 근원이 강함/ 庚金이 月令申金에 得祿함-必히 丁火로 金을 제거해 야 함-天干丁火에-地支午未戌에 통근됨을 좋아함
(酉) 8月生	辛金 丙火	8월 癸水는 辛金과 丙火(用)/酉月地藏干-庚辛 癸水가 辛金에 사령하고 丙火로 도와서-水와 金이 따뜻해지니-상호간격을 두어 나타남이 좋음(丙辛의 合水로 변하기 때문-水旺하므로 간격둠이 좋은것임
(戌) 9月生	辛金 壬癸水 甲木	9월 癸水는 辛金-癸水-甲木(用)/戌月地藏干-辛丁戊 9월에는 戊土가 加重하기 때문에-辛金을 쓰는 것이 고-比劫(壬癸水)을 필요로 함은-甲木을 돕기 위함 이며-甲木으로 月令戊土를 제극하면-癸水일주가 자연히 왕하기 때문임

〈表 4-41〉 10/11/12(冬)月生 癸水日柱의 調候用神論

癸日柱	用神順	調候必要性과 解說
(亥) 10月生	庚辛金 戊土 丁火	10月癸水-庚辛金/戊土/丁火(用)/亥月地藏干-戊甲壬 10월 月令亥중에 甲木이 長生함-癸水가 서로 합치므로-庚辛金으로서 水源을 만들고-甲木을 극제위해서 필요함/만일 10월 월령에 亥水가 왕하고-庚辛金이 水를 도우면-水의 세력이 왕하기 때문에-戊土로서 제압함/만일 多金이면-丁火로 制金함이 좋음
(子) 11月生	丙火 辛金	11月癸水는-丙火와 辛金(用)/丙火로서 解冬(해동)을 하고-辛金으로서 水源을 도와줌
(丑) 12月生	丙火 丁火	12月癸水-丙火와 丁火(用)/丙火가 통근해야 하기에-地支에 巳午未(南方火)戌(火庫)이 있으면 더욱 좋음/年干에 丁火가 투출하면-雪後登光이라함/夜生子이면 貴하게됨/地支가 火局을 이루면 庚辛金을 씀도 무방함-多火時에는 물의 증발을 억제하기 위해 金生水로 水를 돕는격이 필요함

〈表 4-42〉 1~12月生日干의 調候用神早見表(궁통보감요약)

日干\生月	甲	乙	丙	丁	戊	己	庚	辛	壬	癸
1	丙癸	丙癸	壬庚	甲庚	丙甲(癸)	丙庚(甲)	戊甲(丙丁)	己壬(庚)	庚丙(戊)	辛丙
2	丙庚丁(戊己)	丙癸(忌金)	壬己	庚甲	丙甲癸	甲癸丙(丙)	丁甲庚	壬甲	辛戊庚	庚辛
3	庚丁壬	丙癸戊	壬甲(土重甲)	甲庚(水旺戊)	甲丙癸	丙癸甲	甲丁壬癸	壬甲	甲庚(金多丙)	丙辛甲
4	癸丁(庚)	癸	壬庚癸	甲庚	甲丙癸	癸丙	壬戊丙丁	壬甲癸	壬庚辛癸	辛庚
5	癸庚丁	上癸下丙癸	壬庚	壬庚癸	壬甲丙	癸丙	壬癸	壬己癸	癸庚辛	庚壬癸
6	上一癸庚丁 下一庚丁	癸丙水多用金	壬庚助	甲壬庚	癸丙土重用甲	癸丙	丁甲	壬庚甲	辛甲	庚辛壬(癸)
7	庚丁(壬)	丙癸(己)	壬戊	甲庚(丙戊)	丙癸(甲)	丙癸	丁甲	壬甲(戊)	戊丁	丁
8	庚丁(丙)	癸丙(丁)	壬癸	甲庚(丙戊)	丙癸	丙癸	丁甲(丙)	壬甲(丁)	甲庚	辛丙
9	庚甲丁(壬癸)	癸辛	甲壬	甲庚戊	甲丙癸	甲丙癸	甲壬	壬甲	甲丙	辛甲壬(癸)
10	庚丁(丙戊)	丙戊	甲戊(庚壬)	甲庚	甲丙	丙甲(癸)	丁丙(甲)	壬丙	戊丙(庚)	庚辛(戊丁)
11	丁庚(丙戊)	丙(忌金)	壬己(戊)	甲庚	丙甲	丙甲(癸)	丙丁(甲)	丙戊(壬甲)	戊丙	丙辛
12	丁丙庚	丙	壬甲	甲庚	丙甲	丙甲癸	丙丁甲	丙壬(戊己)	丙丁甲 上丙下甲	丙丁

第5章 命理學의 格局分析論

第1節 格局의 意義

1. 格局의 意味

　格局(격국)은 사람이 衣裳(의상), 즉 옷을 입는 것과 같은 것이다. 예컨대 오행의 太過不及(태과불급)을 따지지 않고 月支를 중심으로 해서 가장 기세가 왕한 오행에 따라서 분류하는 것이다. 이러한 격국을 탐색하여 표출하는 방법은 다음과 같다.

〈表 5-1〉 格局探索의 要領

1	月支의 地藏干에서 취함
	지장간에서 취한 격이 透出되었을 경우 강한것만 취함
2	月支에 없을 경우 時干에서 취함
3	月支와 時干에도 없을 경우 年干에서 취함
*	比肩과 劫財는 格局이 되지 않음

2. 格局의 類型

　格局의 형태를 분별함에 있어 內格(내격)에는 成格(성격)·破格

〈表 5-2〉 格局類型과 格定方法

實虛格	實格	用神을 지장간에 있는 것을 사용할 경우(正氣用神) (월지장간의 正氣가 天干에 나타난경우)
	虛格	用神이 月支에 없어서 타지장간에서 사용할 경우
淸濁格	淸格	用神의 生助五行(喜神)이 있는 경우 日柱/用神强하고 建旺하여 君旺身旺한 경우
	濁格	日柱/用神精神弱한데 忌神있어 君弱身弱한 경우
上中下格	上格	君旺身旺한데 正財/正官/印綬의 吉神/喜神이 有時
	中格	君弱身旺한데 日柱를 돕는 喜神이 있는 경우 身弱한데 用神/他神이 肉身을 도와줄 경우
	下格	君弱身旺한데 用神을 剋하는 忌神이 있는 경우 君旺身弱한데 用神을 剋하는 忌神이 있는 경우
正格八格	正財格	월지장간의 正財로써 성립되는 격
	偏財格	월지장간의 偏財로써 성립된격
	正官格	월지장간의 正官이 천간에 투출되어 있을 경우
	偏官格	월지장간의 偏官이 천간에 투출되어 있을 경우
	印綬格	월지장간의 印綬로써 성립된격/月逢印綬喜官星
	偏印格	월지장간의 偏印으로써 성립되는 격
	食神格	월지장간의 食神(衣食吉神)으로써 성립된격
	傷官格	월지장간의 傷官으로 성립/眞傷官-假傷官-千變化
偏外格五格	獨象格	四柱全部가 同一할 경우
	形象格	형국(三合)을 形成고 있을 경우
	方象格	方合을 形成하고 있을 경우
	從象格	大勢를 따라가는 경우
	暗象格	暗合이 있을 경우

(파격) 그리고 外格(외격)에는 從格(종격)·化格(화격)이 있다. 그런데 명리학에서 격국은 外格을 으뜸으로 한다. 외격중 從格의 예를 들면 음양오행중 어느 하나가 압도적으로 大勢를 이루면 그 大勢를 이루는 오행이 從格이 되는 것이다.

예컨대 從格에서는 왕자인 그 운기에서 大發하고 그 旺者를 剋하는 運에서는 大敗한다고 하는 논리가 명리학의 근간을 이루고 있다.

여기서 다루고자 하는 격국의 형태에는 實格(실격)·虛格(허격)·淸格(청격)·濁格(탁격)·上中下格(상중하격)·正格八格(정격팔격)·偏格五格(편격오격)이 있는데 이들을 정리하여 요약하여 보면 〈表 5-2〉와 같다.

3. 正格當令과 四吉凶神

格局(격국)을 판단함에 있어서 正格當令(정격당령)·四凶神(사흉신)·四吉神(사길신)을 잘 관찰한 연후에 판단하여야만 한다. 地藏干(지장간)에는 餘氣(여기)·中氣(중기)·正氣(정기)가 있는데 이 중에서 正氣가 天干에 나타나 있는 것을 정격당령이라고 한다. 正氣의 정격당령이 60%의 능력이라면 餘氣와 中氣의 능력은 합해서 40% 정도 밖에 되지 않는 것이다.

他干에 있는 用神도 월지장간을 통해서 天氣가 들어오기 때문에 用神의 강약을 月支와 時支의 旺衰(왕쇠)를 간주하여서 판단하여야 한다. 月支는 사주의 집이고 時支는 사주의 침실로서 사주의 용량이기 때문이다.

四凶神(사흉신)이란 傷官(상관)·偏官七殺(편관칠살)·偏印(편인)·羊刃(양인)을 말하는데 劫財(겁재)도 凶神(흉신)을 制化(제화)

하게 되면 殺氣(살기)와 踐行(천행)을 망각하고 복종을 잘하며 공을 세울 수가 있다. 즉 사흉신을 制化하면 福命(복명)이지만 제화하지 못하면 踐行(천행)을 면하지 못함인 것이다.

그리고 四吉神(사길신)이란 食神(식신)·正官(정관)·印綬(인수)·正財(정재)를 말하는데 生助해주면 吉福(길복)의 功을 세우고 制化·相剋·干合하면 貴氣(귀기)와 德行(덕행)을 망각하여 君과 主人인 日干을 강하게 해서 망하게 하는 것이다. 즉 四吉神을 생조하는 것은 貴命이기에 제압하는 것을 원하지 않는다. 制는 統制(통제)이다.

권력과 힘으로 강압하고 호령하여 종을 부리는 방법이니 복종하면서도 뒤에서 원망과 불평을 하는, 즉 面從背怨(면종배원)하니 권력이 없어지면 후한이 따르는 것이다. 그러나 化는 善化(선화)인 것이다. 인품이 자비와 돈과 사랑으로 종을 부리는 방법이기에 복종하면서도 진실된 마음으로 힘을 다하게 되니 운이 떠난 뒤에도 종의 은덕을 받게 되는 것이다.

第2節 形象格局別用神探索論

용신론에 대해서는 전장에서 대부분 다루었다. 그러나 여기에서 다루는 내용들은 중요한 격국별 용신법이다. 역시 이러한 것들도 결국은 모두가 용신을 잡기위한 방법들이다.

여러가지의 격국과 관련된 내용들을 정리해 보면 다음과 같이 정리될 수 있을 것이다. 즉 첫째 財旺(재왕)으로 인해 사용할 때에는 財格(재격)에 속한다. 둘째 食傷旺(식상왕)으로 인해 사용할 때에는

食傷格(식상격)에 속한다. 셋째 官旺(관왕)으로 인해 사용할 때에는 官殺格(관살격)에 속한다. 넷째 建祿(건록)과 羊刃(양인)은 不成格(불성격)이다. 그래서 건록과 양인이 같이 있으면 격이 되지 않는 것이다.

즉 陽干(양간)일 경우에는 건록과 양인이 같이 있기 때문에 羊刃格(양인격)이 성립되지 않는 것이다. 그러나 陰干(음간)일 경우에는 건록과 양인이 같이 있지 않기 때문에 羊刃格(양인격)이 성립되는 것이다.

이렇게 격국은 어떠한 옷을 입히는가에 따라서 변화무쌍하다. 이들의 내용을 요약하여 정리하여 보면 다음과 같다.

〈表 5-3〉 形象格局別 用神探索早見表Ⅰ

格局	命盤構成內容	必要事項	用神
從旺格	比劫이 全部/强旺格	比劫同行/日干泄氣	比劫/食傷
從兒格	食傷이 大部分/泄氣格	日干强化/泄氣者泄氣	印綬/財星
仮從格	比劫食傷이 大部分	旺氣運을 따라가는척	旺氣運/從
食傷格	印綬比肩劫財의 重疊	日干氣運의 泄氣	食神/傷官
從財格	財星이 大部分	從財時擴散	財星/官星
從官格	官星이 大部分/全旺格	官殺을 따라감	財星/官星
官殺格	正官偏官太過形	官殺氣運의 泄氣	財星/食傷
偏官格	偏官太過形	官殺氣運의 泄氣	食神/傷官
羊刃格	羊刃太過形	격국 잘 안 이뤄짐	羊刃泄氣運

〈表 5-4〉 形象格局別 用神探索早見表 Ⅱ

格局	命盤構成內容	必要事項	用神
食傷用印格	食傷太過形	印星으로 日干補强	印星
食傷生財格	食傷有格/財星弱	日柱强해/財星補强	食傷
食傷制官殺格	日柱强/官殺旺形	日柱泄氣/官剋制	食傷
制傷太過格	食傷의 官殺强剋制	官星補强	官星/印星
殺重用印格	官殺太過格/殺重重	印綬로 殺氣運의 泄氣	印星
財滋弱殺格	官殺微弱形	財星-必要/補强	財星/食傷
四位純金格	地支全體가 四仲/四孟/四庫인 경우		格局差異
四仲(寅申巳亥)/四孟(子午卯酉)/四庫(辰戌丑未)			

〈表 5-5〉 其他雜名格局事例表 Ⅰ

格局名	出生日柱	出生時柱
金神格	甲己	癸酉-己巳-己丑 時生
祿元三會格	甲	巳酉丑이 모두 있을 경우
六甲趨乾格	甲	亥子가 많은 경우
子遙巳祿格	甲子	甲子 時生
六乙鼠貴格	乙	子 時生
倒沖格	丁巳	巳가 많은 경우
專食合祿格	戊	庚申 時生
井欄斜又格	庚	申子辰 時生
비천록마격	庚子-壬子	子자가 많은 경우
육음조양격	辛	戊子 時生
축요사록격	辛癸	丑자가 많은 경우
비천우격	辛亥-癸亥	亥자가 많은 경우
六壬趨艮格	壬	寅자가 많은 경우
壬騎龍背格	壬	寅辰자가 많은 경우
전인합록격	癸	庚申 時生
형합등록격	癸	甲寅 時生

〈表 5-6〉 其他雜名格局事例表 Ⅱ

格局名	解 說
충합녹마격	沖을 해서 暗神이 튀어 나오는 경우
건록월겁격	생월이 건록·비견·겁재의 命
귀록격	生時가 12운성의 건록을 맞은 경우
양인격	陽日에 出生하여 生月 또는 生時가 羊刃에 해당되는 경우
복덕수기격	五陰日 出生者(乙丁己辛癸)가 巳酉丑의 金局을 이룰 경우
잡기격	생일이 辰戌丑未日일 경우
시모격	생시가 辰戌丑未時일 경우
拱祿拱貴格	暗祿과 暗貴를 구하는 경우
沖祿格	생일에서 建祿에 해당되는 地支를 沖出하는 격
一氣生成格	天干一氣나 地支一字를 채택하는 경우
五行天時格	靑龍伏形·朱雀乘風·勾陣得位 白虎持勢·玄武當權—五格 채택하는 경우
其他	일덕격·일귀격·괴강격

第3節 形象格局論 演習

격국은 사람이 옷을 입는 것과 같은 것이므로 形象格局論(형상격국론)은 五行의 太過不及(태과불급)을 따지지않고 月支(월지)를 중심으로 해서 가장 그 氣勢(기세)가 旺盛(왕성)한 오행에 따라서 분류하는 방법인 것이다. 즉 月支地藏干(월지지장간)의 正氣가 天干에 나타나 있으면 그것이 표시하는 六神에 의한다.

1. 偏印格과 偏財格의 演習

실예1의 사주에서 月支申의 지장간은 己戊壬庚이다. 즉 월지지장간의 正氣가 庚이고 庚金이 天干에 나타나 있으며, 日干壬水에서 庚金은 偏印(편인)에 해당되므로 이사람 천명의 격국은 偏印格(편인격)이 되는 것이다.

편인격은 懶怠(나태)와 依他心(의타심) 그리고 術策(술책), 즉 꾀의 성정을 나타낸다. 그러나 월지지장간 중에서 천간에 투출된 壬水는 比肩·劫財이므로 격국을 이룰 수가 없는 것이고, 戊土는 申을 깔고 앉아 있으므로 힘이 약함이다. 결국 庚金의 뿌리가 더 단단한 것이라 할 것이다.

實例 1

時柱	日柱	月柱	年柱	
辛	壬	庚	戊	干
丑	戌	申	申	支

그리고 월지지장간의 正氣(정기)가 천간에 나타나 있지 않고, 대신에 餘氣(여기)나 中氣(중기)가 투출해 있을 경우에도 그것에 의한다. 여기에서는 신강인지 신약인지의 여부를 따지지 않고 단지 정신만을 따지기 위함인 것이다.

실예2의 사주에서 月支亥의 지장간은 戊甲壬이다. 이 命式(명식)에서 正氣인 壬水가 천간에 나타나 있지 않고 대신에 月支의 餘氣인 戊土가 천간에 나타나 있어도 戊土는 比肩·劫財이므로 격국을 이룰수가 없다. 한편 月支의 지장간이 천간에 나타나 있더라도 다른 六神에 의하여 破剋(파극)되어 소용이 없게 되면 月支의 正氣가 표시하는 六神에 기준한다.

그러므로 이 사주에서는 月支지장간의 正氣인 壬水에 기준해야 하므로 日干戊土에서 보았을 경우에 壬水는 偏財이기에 격국이 偏財格(편재격)이 되는 것이다.

實例 2

時柱	日柱	月柱	年柱	
戊	戊	丁	庚	干
戌	午	亥	子	支

2. 仮從格과 從旺格의 演習

격국에는 또 外格(외격)이 있는데 이는 月支의 여하를 막론하고 그 勢力(세력)에 따른다.

실예3의 사주에서 月支丑의 지장간은 癸辛己이며 丑은 辛金의 庫이지만 倉庫가 깨지지 않았으므로 金의 기운이 강하다. 그래서 金의 기운을 따라가야 한다. 그러므로 강한 기운을 따라가는 척하는 것이다. 用神인 丁火가 있어서 가짜로 쫓아 간다고 하여서 仮從格(가종격)이다. 즉 金이 많아서 傷官格(상관격)이라 할 수 있으나 丁火가 있어서 金을 녹이는 바람에 가종격이 된 것이다.

실예4의 사주에서 月支戌의 지장간은 辛丁戊이다. 지장간중에서 戊土는 比肩·劫財이기에 격국을 이루지 못한다. 이 사주는 眞格(진격)으로서 稼穡格(가색격)이다. 丙이 戊土가 많아서 빛을 잃으나 土가 강하므로 土에 쫓아간다. 그래서 從旺格(종왕격)도 되는 것이다.

그리고 실예5의 命式은 사주상 11월달의 강한 물이다. 從旺格(종

왕격), 즉 命盤(명반)의 모두가 比劫(비겁)뿐인 경우이다. 年支亥중
의 지장간인 戊甲壬에서 甲木이 있어 年天干의 己와 甲己合의 土가
되고 官星이 되어 전형적인 선생사주라 할 것이다.

그러나 月日時地支에 子酉의 破(파)가 있고 酉酉의 雙桃花(쌍도
화)가 있으며 또한 子에서 酉를 보면 年殺(년살-桃花殺)이 있음이
다. 한편 家庭宮(가정궁)을 볼 경우에는 月에서 日時를 관찰하여 분
석을 하게 되는데 月時間에 丙辛合의 水가 되었는데 日干이 癸水인
것이다. 그래서 이 사람의 천명은 水가 많아서 淫蕩(음탕)하고 淫亂
(음란)한 팔자라고 분석할 수가 있을 것이다.

實例 3 坤命

時柱	日柱	月柱	年柱	
丁	戊	辛	己	干
酉	申	丑	丑	支

實例 4 乾命

時柱	日柱	月柱	年柱	
戊	己	戊	丙	干支
戌	未	戌	辰	

實例 5 坤命

時柱	日柱	月柱	年柱	
辛	癸	丙	己	干
酉	酉	子	亥	支
37	27	17	7	大運
庚	己	戊	丁	
辰	卯	寅	丑	

3. 從兒格의 演習

천명사주반에서 方合(방합)과 六合(육합)이 되는 경우에는 두자가 떨어져 있지 않고 함께 밀착되어 있으면 그 사이에 나머지 한자가 끼어 있다고 생각하여서 그 기운이 日干과 用神에 미치는 관계를 잘 살펴 관찰해야 하는 것이다.

실예6의 사주는 從兒格(종아격), 즉 命盤(명반)이 食神·傷官의 泄氣뿐인 경우이므로 水木吉運(수목길운)이고 火土金凶運(화토금흉운)인 것이다. 이 사람의 천명사주는 大運에서 巳火運(사화운)중에서 子息失敗(자식실패)나 職業變動(직업변동)에 주의를 해야 하고 문서는 잡지만 죽을 운이라 할 것이다.

그리고 太歲에서 亥는 일간과 比肩이므로 寅亥의 합이 破가 되어 부모·형제·조상이 도와주는 듯하지만 결국에는 모두 빼앗아 가는 형국이 된다.

實例 6　　　　　　　　　乾命

時柱	日柱	月柱	年柱	
乙	癸	壬	壬	干
卯	未	寅	寅	支
丙	乙	甲	癸	大
午	巳	辰	卯	運

한편 실예7의 천명사주에서 月支亥의 지장간은 戊甲壬이다. 사주가 통근되지 못하고 官星이 많으므로 身弱四柱(신약사주)이고 10월달의 己土, 즉 밭(田)이므로 火가 필요한 사주인 것이다. 그리고 時支辰(시지진)에 辰亥의 怨嗔(원진)이 있으므로 乳房(유방)은 짝재

기이고, 時支辰(시지진)의 水庫가 열려있으므로 유방도 크고 젖도 많음이 특징이다. 그리고 日月地支(일월지지)간에 卯亥의 合이 있으니 젖꼭지는 툭튀어 나오고 유방은 예쁘게 생겼다고 할 것이다.

또한 亥卯(亥卯未)의 半合(반합)이 있으므로 자연적으로 未가 끼어있음이니 財(亥水)가 合이 되어 官(木)이 강하게 되었다고 할 것이다. 그러나 食神과 傷官이 없으므로 財庫(재고), 즉 창고의 열쇠가 없는 격이라 돈은 나가게 되고 욕심은 많아지는 것이다.

그렇지만 이런 경우에서 頭腦回轉(두뇌회전)은 水(智慧)인데 金(食傷)이 없으므로 金生水의 조화가 없는 격이라 할 것이다. 그래서 매사가 불성으로 잘 안되고 돈의 회전도 잘되지 않게 되는 것이다. 한편 年時地支의 辰과 日地支간에 辰卯가 六害殺(육해살)이 있어서 無子息(무자식)이면서 동시에 官星을 害하므로 남편이 질병으로 앓아서 누워 있는 격이다.

또한 甲戊冲(갑무충)과 乙己冲(을기충)의 天干冲七殺(천간충칠살)을 2개나 가지고 있다. 그래서 流年을 壬申年으로 하여 歲運에서 볼 경우에 壬水는 日干에서 正財가 되지만 용신인 火를 剋하며, 申金은 卯申의 怨嗔(원진)에, 또한 申亥의 六害에 해당하기 때문에 損財(손재)가 따르고 財인 申辰의 水局은 妬合(투합)이 되므로 두 마

實例 7　　　　　　　　　　　　　坤命

時柱	日柱	月柱	年柱	
戊	己	乙	甲	干
辰	卯	亥	辰	支
乙	甲	戊	乙	地
癸	◇	甲	癸	藏
戊	乙	壬	戊	干

리의 토끼를 잡으려다가 놓치는 격이므로 이러할 경우에는 욕심을
내지 말아야 하는 것이다.

第6章 命理學의 祿星貴人分析論

第1節 建祿暗祿星 性情論

〈表 6-1〉 建祿暗祿 觀察의 早見表

	日干基準	甲	乙	丙戊	丁己	庚	辛	壬	癸
建祿	福祿/亨通吉神 出世/貴人來助	寅	卯	巳	午	申	酉	亥	子
暗祿	暗藏福祿 流年暗祿-橫財/協助	亥	戌	申	未	巳	辰	寅	丑

*건록과 암록은 六合關係임

1. 建祿星의 性情과 特性

祿(녹)이란 祿(녹)·福(복)·幸福(행복)을 얻었다는 뜻이다. 그래서 富가 있고 亨通(형통)한 吉神(길신)이며 國祿之客(국록지객)이라 하는 것이다. 사주에 祿이 있고 이 祿이 강해지면 福祿(복록)이 많아서 출세에 吉하며 貴人이 와서 內助(내조)함이다. 建祿(건록)은 일명 正祿(정록)이라 하는 것으로 그 힘이 강하고 세다.

建祿運(건록운)이란 日天干이 자기와 같은 五行의 地支를 만나는 경우로 이는 借力(차력)하는 이치와 같아서 내몸의 日天干이 강해져서 妻財(처재)를 다스릴 수 있게 되고 官이 와도 이겨낼 수 있기 때문에 의식과 복록이 많아짐을 의미하는 것이다.

예를 들어 甲이 寅을 만났을 경우가 건록이다. 月支나 日支가 祿이면 위인이 건전하고 自尊心(자존심)이 강하며 自手成家(자수성가)를 하기에 부모의 유산을 받지 않는 경우가 많다. 그리고 祿은 印星·官星·食神과의 합을 즐거워하지만 刑沖(형충)은 꺼리는 특성을 같고 있다.

2. 暗祿星의 性情과 特性

暗祿(암록)은 건록과 六合(육합)의 관계에 있는 것으로 日天干을 숨어서 도와주는 경우이다. 예를 들어 甲이 寅을 만났을 경우가 건록인데 이 건록에 해당하는 寅과 육합관계인 亥가 바로 암록인 것이다.

암록이 사주에 있으면 평생 재물과 숨은 복록이 있어서 귀인이 내조하고 人德(인덕)이 있어 成功(성공)하기가 쉽다. 그리고 流年(유년)에서 암록을 만나면 橫財(횡재)와 協助(협조)가 발생된다.

한편 건록과 육합관계에 있는 것이 암록이지만 암록이 되지 않는 경우가 있으므로 주의를 해야만 한다. 즉 祿에 도화살이나 도화살의 일종인 홍염살이 붙어서 桃花殺(도화살)이 암록이 될 경우에는 祿의 작용이 감소되기 때문에 이런 경우에는 암록이 형성되지 않는다.

그래서 암록은 되지 못하고 길한 것을 흉한 것으로 바꾸게 되는 현상이다. 즉 日干甲에서 볼 때에 亥와 子는 도화살이라 하여 甲子년과 甲午년(홍염살)에는 암록이 되지 않는 이치인 것이다.

〈表 6-2〉暗祿不形成觀察早見表

比較基準	暗祿	暗祿不形成의 경우
丑일생	癸	癸巳년
寅일생	壬	壬子년
辰일생	辛	辛酉년
巳일생	庚	庚午년
未일생	丁己	丁亥/己亥년
申일생	丙戊	丙申/戊申년
戌일생	乙	乙卯년
亥일생	甲	甲子년

第2節 七星性情論

1. 金輿星

金輿星(금여성)이란 인물이 俊秀(준수)하고 얼굴이 곱고 항상 웃는 낯으로 溫厚柔順(온후유순)하고 순수하다. 良緣(양연)과 人德(인덕)이 있어서 결혼하는데 귀인이 도와주며 행복이 있다. 옛날의 王族四柱(왕족사주)에 금여성이 흔히 있었는데, 사주내에 있으면 재주와 和藝(화예)한 인품을 득하고 머리가 영리해서 발명가나 관록으로 성공할 수가 있다.

금여성은 日干을 기준으로 地支를 대조하는 것인데 그 내용은 다음의 〈表 6-3〉과 같다. 한편 금여성에 刑沖破害가 있으면 반감되거나 혹은 살의 작용을 할 수가 없을 때가 있다.

그러나 대체적으로 금여성이 어디에 소재하느냐에 따라서 그 특성을 달리 하는데 그 내용은 다음의 〈표 6-4〉와 같다. 한편 日支가 流年天干을 금여성으로 할 경우도 있는데, 즉 辰日生이 甲年을 만나면 금여성이므로 인덕이 있고 재산의 도움을 얻게되는 것인데 이렇게 거꾸로도 볼 수가 있다는 의미인 것이다.

〈표 6-3〉 金輿星觀察早見表

金輿星 인물준수 온후유순 왕족사주	日干	甲	乙	丙戊	丁己	庚	辛	壬	癸
	地支	辰	巳	未	申	戌	亥	丑	寅

〈표 6-4〉 金輿星의 所在別特性

所在	金輿星의 特性
日柱	아내(美人)/남편(美男)/妻家有德/出世運-大吉
時柱	近親者協助(有)/子孫繁昌-孝道
流年	社會的인 貴人을 만나서 大發展하는 運勢

2. 夾祿星

夾祿星(협록성)은 十干正祿(십간정록)을 좌우에서 협대하여 껴안음을 말하는 것이다. 예를 들어 甲의 祿은 寅이 되는데 丑과 卯가 있으면 建祿을 서로 껴안은 격인 것이다. 즉 (丑)→寅←(卯)와 같은 형태로 夾(협)하여 낀다고 하여 인덕이 있고 친척이나 친구의 도움을 받는다는 길성인 것이다. 日天干이나 月天干을 기준으로 하여 보는데 협록성이 되는 경우를 정리하여 보면 다음과 같다.

〈表 6-5〉 夾祿星觀察의 早見表

夾祿星 인덕길성	日干 地支	甲 丑卯	乙 寅辰	丙戊 辰午	丁己 巳未	庚 未酉	辛 申戌	壬 戌子	癸 亥丑

3. 交錄星

交錄星(교록성)이란 日柱를 중심으로 하여 보는데 예를 들어서 甲申日柱의 경우는 年月時柱에 庚寅이 있으면 교록성이 되고, 만일 庚寅日柱라면 年月時柱에 甲申이 있으면 교록성이 되는 것이다. 그러나 때에 따라서는 生年을 볼 경우가 있는데 이런 경우에는 사주 내에서 生年과 生日만을 맞추어 보아야 한다. 이러한 교록성의 성정은 물물교환을 뜻하는데 그 내용을 요약하여 보면 다음과 같다.

그리고 교록성이 어디에 소재하고 있느냐에 따라서 그 특성을 달리하는데 그 내용을 정리하여 보면 다음과 같다.

〈表 6-6〉 交錄星觀察의 早見表

交錄星 물물교환	日柱中心 ↑↓ 年月時柱	甲申 ↑↓ 庚寅	乙酉 ↑↓ 辛卯	丙子/戊子 ↑↓ 癸巳	己亥/丁亥 ↑↓ 壬午

〈表 6-7〉 交錄星의 所在別特性

所在	交錄星의 特性
時柱	무역업/직업소개업/부동산중개업/외교관직업(적당)
流年	사업변동실패(多)/부부언쟁(極甚)/연정삼각관계(有)

4. 天赦星

天赦星(천사성)은 生月을 기준으로 하여 日辰의 地支를 따지는
것으로 擇日(택일)에서만 사용하는 것이다. 천사성의 성정은 큰병
이나 재난에 봉착하였어도 赦免(사면)이 되어 복록을 얻는다는 길
성이다.

〈表 6-8〉 天赦星觀察의 早見表

天赦星 사면	生月	1·2·3	4·5·6	7·8·9	10·11·12
	地支	戊寅	甲午	戊申	甲子

5. 天義星

天義星(천의성)은 일명 天喜神(천희신)이라고 하는데 生月을 기
준으로 하여 日支 또는 時支에 대조하는 것이다. 천의성은 凶한 일
이 있어도 吉로 변하게 하는 성정을 가지고 있다. 그 내용을 정리하
여 보면 다음과 같다.

〈表 6-9〉 天義星觀察의 早見表

天義星 凶→吉로 변환	生 月	1	2	3	4	5	6	7	8	9	10	11	12
	日時支	未	午	巳	辰	卯	寅	丑	子	亥	戌	酉	申

6. 天醫星

天醫星(천의성)은 일명 活人星(활인성)이라고 하는데 이는 生月

을 기준으로 하여 日支 또는 時支에 대조하는 것이다. 활인성은 타인의 인명을 구해주는 醫師(의사)·藥師(약사)·看護員(간호원)·陰陽易術人(음양역술인) 등에 있다. 그 내용을 정리하여 보면 다음의 〈表 6-10〉과 같다.

실예1의 사주는 정월인 寅月에 丑日을 만나서 천의성이 있으니 의사임이 분명하다. 丑(丑의 地藏干-癸9 辛3 己18)中에 辛金이 있다. 辛은 정신적이며 신경계통을 좌우하기 때문에 이 사주는 신경과 의사가 되었다. 더구나 이 사주는 정월 中氣生이기 때문에 中氣인 辛金을 보는데, 寅(寅의 地藏干-戊7 丙7 甲16)中의 丙과 丑中의 辛이 丙辛으로 合하여 水가 되었으므로 신경외과의사가 된 것이다.

한편 실예2의 사주는 4월에 辰時生이므로 천의성이 있는데 특히 辰은 水庫이므로 산부인과의사가 되었다고 분석할 수 있는 것이다.

〈表 6-10〉 天醫星觀察의 早見表

天醫星	月	1	2	3	4	5	6	7	8	9	10	11	12
活人星	日時支	丑	寅	卯	辰	巳	午	未	申	酉	戌	亥	子

實例 1　　　　1935년 1월 15일생

時柱	日柱	月柱	年柱
戊	乙	戊	乙
寅	丑	寅	亥

實例 2　　　　1981년 4월 2일생

時柱	日柱	月柱	年柱
丙	癸	癸	辛
辰	未	巳	酉

7. 進神星

進神星(진신성)은 고집이 강하게 충동하는 길성인데 그 작용력은 10%미만으로 본다. 사주에 진신성이 있으면 열심히 노력하고 일을 열의가 있게 하면 반드시 성공이 되는 등 대개 길성으로 작용한다. 그러나 진신성이 공망이나 충을 당하면 그 작용력을 상실한다.

〈表 6-11〉 進神星觀察의 早見表

進神星 노력 열의	生 月	春(1-2-3)	夏(4-5-6)	秋(7-8-9)	冬(10-11-12)
	日時柱	甲子	甲午	己卯	己酉

〈表 6-12〉 進神星의 所在別特性

生月	日柱	流年	特 性
春	甲子	甲子	10배의 노력있어야 성공함/인내필요
夏	甲午	甲午	동업/합자/매사성공
秋	己卯	己卯	송사문제해결/결혼-재혼의 뜻(이룸)
冬	己酉	己酉	이전실패한 일이 성공됨·각종시험-합격함

第3節 貴人類型論

1. 天乙貴人論

1) 天乙貴人의 意味

天乙貴人(천을귀인)은 凶을 吉로 바꾸는 성정을 갖고 있다. 그래서 천을귀인이 있으면 주위의 환경이 나를 도와주는 경우가 많기 때문에 복덕을 받으며 성공하기가 어렵지 않다. 사주내에 천을귀인이 많으면 智慧(지혜)가 많고 聰明(총명)하며 흉한 것을 길한 것으로 변하게 하는 성정을 가지고 있기 때문에 일찍 出世를 한다. 그리고 천을귀인은 文章이 높아 세인의 존경을 받고 성정이 良順(양순)하며 人德(인덕)이 좋다. 또한 良緣(양연)이 있고 부부간의 정과 금슬이 좋다.

2) 天乙貴人의 類型과 特性

천을귀인에는 낮의 陽貴人(양귀인)과 밤의 陰貴人(음귀인)이 있다. 12地支를 배속시킨 시간상으로 밤시간인 戌·亥·子·丑·寅·卯·時는 음귀인이며 낮시간인 辰·巳·午·未·申·酉·時는 양귀인에 해당된다.

그러나 戌時는 본래가 음귀인이지만 하절기의 여름에는 양귀인으로 분류해서 보아야 한다. 또 酉時는 본래가 양귀인이지만 동절기의 겨울에는 음귀인으로 분류해서 보아야 한다. 여기에서 음양이란 시간의 음양을 의미하며 辰時와 戌時는 시간의 음양이 함께 교차되는 시간이라고 보면 될 것이다.

그리고 천을귀인은 日干만을 가지고 보는 것으로, 즉 甲日柱 戊日柱 庚日柱에 있어서는 丑未에 천을귀인이 있는 것이다. 천을귀인은 四柱·大運·歲運의 어디에 있어도 상관이 없다. 그리고 천을귀인의 소재별 특성과 일반적인 특성을 구분하여 정리하여 보면 다음의 〈표 6-14〉와 같다.

〈表 6-13〉 天乙貴人 觀察의 早見表

日干		甲戊庚	乙己	丙丁	辛	壬癸
天乙貴人	陰貴人	丑	子	亥	寅	卯
	陽貴人	未	申	酉	午	巳

〈表 6-14〉 天乙貴人의 所在別特性

天乙貴人		特 性
所在	年月柱	祖上德/兄弟德—좋음
	日 柱	妻德/男便德—있음
	時 柱	子息德—있음

〈表 6-15〉 天乙貴人의 一般的인 特性

天乙貴人	特 性
4地支全體	四柱格局不問—富貴
一般性情	合(즐거워함)/刑沖破害(꺼림)
吉星合/貴人干合	출세(速)/신망존경(受)/평생형벌(無)
死絶同柱	無福
建祿同柱	文章官祿(受)/驛馬沖時—출세명성(得)
魁罡同柱	性格快活/義氣/事理分明/世人尊敬(受)
流年大運—逢	凶變吉運/財運吉/逢貴人—難關解消 桃花殺이 될 경우—男女間戀情關係發生
長生/帝旺/建祿同柱時	平生福祿/官祿吉함
死/絶/空亡同柱時	吉減少/福祿이 작음

2. 天壽 太極貴人論

1) 天壽貴人

天壽貴人(천수귀인)은 日干을 가지고 月支만을 보는 것이다. 그 성정은 일생동안 의식이 풍족하게 된다는 길성으로 천수귀인이 있는 사주는 재산을 가지고 복된 생활로 삶을 영위한다. 그래서 천수귀인이 正官이나 印綬와 같이 同柱하여 있으면 관직과 명리가 겸전한다. 그러나 천수귀인이 刑沖破害를 당하거나 空亡이 되면 복이 반감되어 나쁘다는 것도 유의해야 한다.

〈表 6-16〉 天壽貴人觀察의 早見表

天壽貴人 의식풍족	日干	甲丙	乙丁	戊	己	庚	辛	壬	癸
	月支	巳	午	申	酉	亥	子	寅	卯

2) 太極貴人

太極貴人(태극귀인)은 日干을 중심으로 年支만을 본다. 태극귀인의 성정은 의외로 복이오고 횡재수가 있으며 귀인의 조력과 복을 받을 수 있는 길성이다. 그러나 간혹 경우에 따라서는 日干을 중심으로 하여 生日支를 볼 경우도 있다.

〈表 6-17〉 太極貴人觀察의 早見表

太極貴人 횡재수/귀인조력	日干	甲丙	乙丁	戊己	庚辛	壬癸
	年支	子午	卯酉	辰戌丑未	寅亥	巳申

3. 文昌 學堂貴人論

1) 文昌貴人

文昌貴人(문창귀인)의 성정은 凶한 것이 변하여 吉이 되는 것으로 재능이 비범·총명·박학다식하여 박사학위를 밟는 경우가 많다. 그래서 교육·언론·정계 등에 많이 진출하며 藝氣(예기)가 있어서 글과 글씨를 잘 쓰고 作詩(작시)와 朗誦(낭송)를 잘하며 문장가로서 풍류를 즐긴다.

그러나 문창귀인은 沖이나 空亡되는 것을 꺼린다. 즉 合·沖·空亡이 있으면 문창귀인이 되지 아니한다. 그리고 문창귀인은 日干이 身旺함을 즐거워하고 日干이 身弱한 경우에는 정신이 박약하여 재능을 충분히 발휘하기가 어렵다. 이러한 문창귀인과 학당귀인은 길성으로 日天干을 중심으로 보는데 이를 정리하여 보면 다음과 같다.

〈表 6-18〉 文昌貴人과 學堂貴人觀察의 早見表

日干	甲	乙	丙戊	丁己	庚	辛	壬	癸	性情
文昌貴人 地支	巳	午	申	酉	亥	子	寅	卯	총명-재능
學堂貴人 地支	亥	午	寅	酉	巳	子	申	卯	문장-박학 언론-정계

2) 學堂貴人

學堂貴人(학당귀인)은 재능이 비범하고 지혜가 총명하여 그 작용력이 문창귀인과 비슷하며 문장이 높다. 12운성중에서 長生에 해당

하는 것이 학당귀인이다. 즉 日柱가 甲木인 사람이 亥를 만날 경우
가 장생이고 학당귀인인 것이다.

3) 官貴學館

官貴學館(관귀학관)은 日干을 기준으로 하여 地支를 대조하는 것
인데 사주·대운·세운의 모든 곳에서 살핀다. 관귀학관의 작용은 관
직에 진출하면 승진이 빠르고 지위가 높아진다. 그리고 관귀학관은
형·충·파·공망을 꺼린다.

〈表 6-19〉官貴學館觀察의 早見表

官貴學館	日干	甲乙木	丙丁火	戊己土	庚辛金	壬癸水
승 진	地支	巳	申	亥	寅	申

4. 天德 月德貴人論

天德貴人(천덕귀인)과 月德貴人(월덕귀인)은 모두다 月支를 중심
으로 하여 본다. 그러나 간혹 천덕귀인을 日支로 하여 볼 경우도 있
는데 이를 日德貴人(일덕귀인)이라 하는 것이다.

〈表 6-20〉天德貴人과 月德貴人觀察의 早見表

生月支		申子辰	寅午戌	亥卯未	巳酉丑	備 考
天德	오행복덕별	巳	亥	申	寅	건축/상량/이사
貴人	은혜의길성	癸壬	丙丁	甲乙	庚辛	결혼/경사/대사
月德	자비심의별	壬	丙	甲	庚	재앙소멸
貴人	선조덕길성					재운양호

1) 天德貴人

天德貴人(천덕귀인)이란 恩惠(은혜)를 베푼다는 吉星과 凶이 減少 (감소)되는 吉星으로 백가지의 살이 제거되므로 주위의 환경과 사람 들이 자신을 도와줌이 많다. 이렇게 천덕은 五行福德(오행복덕)의 별이기 때문에 천덕귀인을 만나면 昇台輔(승태보)라고 말한다.

천덕귀인은 대체로 建築(건축)·上樑(상량)·移徙(이사)·結婚(결 혼)·慶事(경사)·大事(대사) 등의 擇日(택일)에서 많이 사용한다. 그 리고 印綬(인수)가 천덕귀인을 만나면 官刑(관형)이 침범치 않고 늦 도록 재앙이 없다. 또 천덕귀인이 合이 되면 귀인이 더욱 왕성해져 德이 많으며 일생동안 刑厄(형액)이나 橫厄(횡액)이 없어지고 도와 주는 사람이 많게 된다.

〈表6-21〉 天德貴人觀察의 早見表

天德	特 性				
年柱	祖上德(有)	日柱	妻德(有)	時柱	子孫德(有)
月柱	父母兄弟德(有)-月柱와 年柱를 同時參酌				
流年	財運旺盛/萬事亨通/新業出世/成功				

그러나 천덕귀인이 空亡(공망)이 되거나 刑沖(형충)을 만나게 되 면 귀인의 힘은 없어진다. 그리고 이러한 천덕귀인을 어디에서 만 나느냐, 즉 사주의 年月日時柱인가 또는 流年(유년)의 歲運(세운) 인가 등에 따라서 그 특성을 달리하는데 그 내용을 정리해 보면 〈表 6-21〉과 같이 요약하여 정리 될 수 있을 것이다.

2) 月德貴人

月德貴人(월덕귀인)은 천덕귀인과 같이 生月을 기준으로 하여 본다. 월덕귀인의 性情은 심성이 착하고 慈悲心(자비심)이 많으며 선조의 덕이 있고 無病(무병)하다. 그리고 刑厄(형액)과 災殃(재앙)을 소멸하며 흉악살이 침범하지를 못하는 것이다.

또한 월덕귀인이 있는 사람은 財運이 양호하여 처음에는 가난하더라도 후에는 부자가 되며, 주위의 환경이 나를 도와주는 사람이 많고, 결혼후에는 처덕이 대길하고 형제덕이 있다.

그러나 12운성중 衰病死墓(쇠병사묘) 등이 월덕귀인과 同柱하게 되면 모든 일이 허사가 되고, 刑沖破害(형충파해)가 同柱하게 되면 월덕귀인이 파괴가 된다. 그리고 이러한 월덕귀인을 어디에서 만나느냐에 따라서 그 특성을 달리하는데 그 내용은 다음의 〈表 6-22〉와 같이 정리 될 수 있을 것이다.

그리고 월덕귀인을 보는 방법은 24방위에서 三合이 비치는 방향을 말하는 것인데 그 내용을 요약하여 보면 다음의 〈表 6-23〉과 같다. 한편 별로 쓰이지는 않지만 참고적으로 알아둘 필요가 있는 또 다른 방법으로서 月로 하여 천덕귀인과 월덕귀인을 보는 방법을 보면 다음의 〈表 6-24〉와 같다.

〈表 6-22〉 月德貴人의 所在別特性

月 德		特 性
日 柱	男子	일평생 無厄과 無風波로 吉함
時 柱	女子	정조가 강하고 産厄이 없음
流 年		귀인만남-기쁜소식(들음)·원행시 반가운 사람을 만남·반가운 친척찾아옴·생남-귀자(얻음)

〈表 6-23〉 月德貴人觀察의 早見表

三合	五行局	모이는 곳	나가는 곳	담을 쌓는곳
申子辰	水局	酉	庚	壬
寅午戌	火局	卯	甲	丙
亥卯未	木局	午	丙	甲
巳酉丑	金局	子	壬	庚

〈表 6-24〉 月中心觀察의 天德 月德貴人早見表

月	1	2	3	4	5	6	7	8	9	10	11	12
天德貴人	亥	子	丑	寅	卯	辰	巳	午	未	申	酉	戌
月德貴人	未	申	酉	戌	亥	子	丑	寅	卯	辰	巳	午

3) 天德 月德 福德合論

天德合(천덕합)·月德合(월덕합)·福德合(복덕합)이 있는데 이들은 모두가 日支를 중심으로 하여 보는데 그 작용력은 支德(지덕)과 비슷하다고 할 것이다.

〈表 6-25〉 天德 月德 福德合 觀察의 早見表

日 支	子	丑	寅	卯	辰	巳	午	未	申	酉	戌	亥
天德合	申	乙	寅	己	丁	丙	寅	己	戊	亥	申	庚
月德合	乙	乙	辛	己	丁	乙	辛	己	丁	乙	辛	己
福德合	酉	戌	亥	子	丑	寅	卯	辰	巳	午	未	申

5. 日德 支德貴人論

1) 日德貴人

日德貴人(일덕귀인)을 日支를 중심으로 하여서 관찰을 한다. 즉 천덕귀인을 日支를 중심으로 보는 것이 일덕귀인인 것이다.

〈表 6-26〉日德貴人觀察의 早見表

	甲·己	乙·庚	丁·壬	丙·戊·辛·癸
日支-日德貴人	寅	申	亥	巳

2) 支德貴人

支德貴人(지덕귀인)은 日支를 중심으로 보는데 천덕귀인이나 월덕귀인에 비해서 그 힘은 약하지만 그 작용력은 같다고 할 수 있다.

〈表 6-27〉支德貴人觀察의 早見表

日 支	子	丑	寅	卯	辰	巳	午	未	申	酉	戌	亥
支德貴人	巳	午	未	申	酉	戌	亥	子	丑	寅	卯	辰

第7章 命理學의 神殺分析論

第1節 重要神殺分析

1. 白虎殺

1) 白虎殺의 意味

大白虎殺(대백호살)은 육십갑자중에서 中宮(중궁)에 해당하는 것으로 甲辰·戊辰·丙戌·壬戌·丁丑·癸丑·乙未을 말한다. 이러한 백호살의 성정으로는 殺傷災殃(살상재앙)·凶事(흉사)·惡事(악사) 등의 작용이 있게 되며 離別(이별)·疾病(질병) 등도 초래한다.

그러나 백호살에 沖이나 破가 있게 되면 그 살이 없어지고 슴이 오게 되면 그 작용력이 좀 덜하게 된다. 특히 男女宮合(남녀궁합)을 분석할 경우에 백호살끼리 서로 만나게 되면 그 흉이 감소된다는 점을 유의해서 보아야 한다.

한편 대백호살은 沖破가 있게 되면 그 작용력은 작아지지만 白虎殺의 六親該當者(육친해당자)에게 凶事나 凶厄(흉액)이 초래됨을 명심해야 한다. 예컨대 육십갑자를 九宮(구궁)에 포열순서대로 배치하여 보면 다음과 같다.

①宮은 坎宮, ②宮은 坤宮, ③宮은 震宮, ④宮은 巽宮, ⑤宮은 中宮, ⑥宮은 乾宮, ⑦宮은 兌宮, ⑧宮은 艮宮, ⑨宮은 離宮의 순이다. 이와 같은 순서로 육십갑자를 포열해서 中宮에 入宮된 것들이 백호살에 해당되는 것이다. 다음의 〈表 7-1〉에서는 甲子순과 甲戌순을 포열해 보았을 경우인데 이경우에 中宮에 入宮되는 육십갑자가 戊辰과 丁丑이 됨을 알 수가 있게 되는 것이다.

〈表 7-1〉 六十甲子本宮配置布列法

丁卯 丙子	巽宮④	壬申 辛巳	離宮⑨	乙丑 甲戌	坤宮②
丙寅 乙亥	震宮③	戊辰 丁丑	中宮⑤	庚午 己卯	兌宮⑦
辛未 庚辰	艮宮⑧	甲子 癸酉	坎宮①	己巳 戊寅	乾宮⑥

〈表 7-2〉 重要神殺現況表

白 虎 殺	甲辰 -乙未 -丙戌 -丁丑 -戊辰 -壬戌 -癸丑
魁 罡 殺	戊戌 -庚辰 -庚戌 -壬辰
半 魁 殺	戊辰 -壬戌 (日柱)
男女離別殺	甲寅 -乙卯 -丙午 -乙未 戊辰 -戊申 -戊戌 -己丑 -庚申 -辛酉 -壬子
殺 剋 殺	甲寅 -乙巳 -丙午 -丁巳 -戊午 -辛亥 -壬子

2) 白虎殺의 所在別特性

백호살이 어디에 소재하고 있느냐에 따라서 그 특성을 달리하는데 그 내용을 정리해 요약해 보면 다음과 같다.

〈表 7-3〉 白虎殺의 所在別特性

白虎殺	特 性(흉사/악사/여자재혼)
年柱	惡死·凶事·조상조별·여러부모 있을 수 있음
月柱	부모형제의 악사·이복형제 있을 수 있음
日柱	부부간의 흉악사·이별·사별이 따름
時柱	건강불리·본인이 바람을 피워 외방자식을 둠 자손이 불효·흉악사·이별·유괴 당할 수 있음

실예1의 사주는 陽土인 戊日柱에서 보아 陰木인 乙이 正官으로 男便이다. 그런데 乙未가 백호살이기 때문에 그의 남편이 흉사나 악사를 당하는 운명이라고 할 것이다. 그래서 이 여자의 사주는 재혼을 할 운명인 것이다.

그리고 寅巳가 六害이자 三刑殺이고, 戊未가 破殺이자 三刑殺이며, 巳戌이 怨嗔(원진)의 이별살이기 때문에 이 여자는 속된 말로 水가 필요한 妓生八字(기생팔자)라고 할 수 있을 것이다. 즉 돈밖에 모르는 여자라고 할 수 있는 것이다.

실예2의 사주는 陽水인 壬日柱에서 보아 陰土인 丑이 正官으로 男便이고 官星이 3개이니 팔자가 무척 세다고 할 수가 있다. 그런데 백호살이 丁丑·癸丑·甲辰으로 3개나 되고 45세부터 戊土大運이기에 또한 時柱의 辰과 함께 戊辰의 백호살이 동하므로 이 때는 더욱 강하다고 할 수가 있다.

이 여자는 국가정보원 女子搜査官(여자수사관)으로 壬水日柱가 12월생으로 물이 얼어 있으므로 火가 필요한 사주라고 할 수 있는 것이다.

실예3의 사주는 戊辰의 백호살이 時宮에 있고 己日柱의 官인 甲

木이 甲己合이 되었으므로 無子孫(무자손)의 천명사주라고할 수 있을 것이다.

實例 1　　　　1955년생 坤命

時柱	日柱	月柱	年柱
甲	戊	辛	乙
寅	戌	巳	未

實例 2　　　　1937년생 坤命

時柱	日柱	月柱	年柱	干支
甲	壬	癸	丁	
辰	子	丑	丑	
75	65	55	45	大運
辛	庚	己	戊	
酉	申	未	午	

實例 3　　　　1954년생 坤命

時柱	日柱	月柱	年柱
戊	己	辛	甲
辰	巳	未	午

3) 四柱白虎殺이 流年白虎殺逢時의 特性

出生年月日時에 있는 백호살, 즉 사주백호살이 太歲(태세)로 들어오는 流年白虎殺(유년백호살)을 만났을 경우에는 그 특성을 달리하는데 그 내용을 정리해 요약해 보면 다음과 같다.

〈表 7-4〉 四柱白虎殺이 流年白虎殺을 만났을 경우의 特性

四柱白虎殺이 流年의 白虎殺을 만날 경우의 特性		
年柱白虎殺者	이사/이장/부모사망/실직/집안패망	흉악운(봉)
月柱白虎殺者	부모형제(이별)/패가	사업실패
日柱白虎殺者	바람피움/부부생이별/부부사별	질병주의
時柱白虎殺者	자손흉사/재물패망	질병고생

2. 魁罡殺

1) 魁罡 半魁罡殺의 意味와 性情

魁罡殺(괴강살)은 日柱에 있는 것이 제일 강한데 일주에 있을 때에 12운성상으로 辰은 땅을 상징하는 것으로 水庫인 물의 창고이고 戌은 하늘을 상징하는 火庫인 불의 창고에 해당한다. 이러한 괴강살에는 庚辰·庚戌이 있고 반괴강살에는 戊辰·壬戌이 해당되는 것이다.

한편 괴강살이 사주내에 重重時는 大富貴之命(대부귀지명)임을 특징으로 한다. 그러나 이러한 괴강살은 流年에는 작용력을 미치지 못한다는 점이 특징이다.

〈表 7-5〉 魁罡殺과 半魁罡殺의 種類와 特徵

魁罡殺	庚辰·庚戌	日柱에 있음이 제일 강함
半魁罡殺	戊辰·壬戌	日柱만 따짐·白虎殺도 됨

〈表 7-6〉 魁罡殺의 一般的인 特性

魁罡殺	性 情	
一般的	총명/지혜/사람제압기백(다)/살생심기(유)/부호/극빈 질병/이별/사별/살상/수술/횡폭/극단적인 경향	
男四柱	결백/이론능통	女四柱-고집(강)/과부/생이별
惡 化	衰病死墓동주시-凶强	
善 化	帝旺冠帶長生建祿동주시-殺作用(못함)	

2) 魁罡殺의 所在別特性

괴강살을 어디에서 만나느냐에 따라서 그 특성을 달리하는데 그 내용은 다음과 같다.

〈表 7-7〉 魁罡殺의 所在別特性

魁罡殺	性 情	
男子四柱	결백/성질(강폭)/이론(잘함)/매맞음(多)-타살수(有)/인내심(필요)/他柱重疊時-羅網이므로→大權國權掌握可能	
女子四柱	孤獨之命/고집셈/생활력(有)/질투심(강)/부부불화/생이별(有)/이혼사혼-과부됨/남편(무책임)/남편무덕(홍살) 陽日柱-여자답지(못함)/남녀공학(다님)/본인-사회적활동/남성기질/부군납치/횡사/결벽증/남편(작첩)/남편집몰락후 타가로 재혼	
作用力의 喪失	괴강살干支와 他柱干支가 합될 경우	
沖刑이 붙으면	이중인격자/일생횡액다단/빈한	
日柱	魁罡殺	官星(有)극도빈곤
日柱半	魁罡財	財星(有)재산을 까먹기 때문임. 가난할수 있음

3. 怨嗔·男女離別·殺剋殺

1) 怨嗔殺의 意味와 特性

怨嗔殺(원진살)이란 항상 怨望(원망)과 不平(불평)을 하는 작용이 있으며 불화·증오·이별·고독·억울함·사별 등을 나타낸다. 그래서 궁합상 아주 꺼리는 살이고 사주내에 있으면 매사에 불평과 불만이 많으며 가정생활까지 신경질적이며 자주 자포자기하고 悲感(비

〈表 7-8〉 怨嗔殺性情의 動物性向比喩

怨嗔	子→未	쥐는 양의 뿔난 것을 忌함
	丑→午	소는 말의 뒷발길질을 忌함
	寅→酉	호랑이는 새벽닭의 울음소리를 忌함
	卯→申	토끼는 원숭이의 재주부림을 忌함
	辰→亥	용은 돼지의 黑顏을 보면 승천을 못하므로 忌함
	巳→戌	뱀은 개의 소리 짖음을 忌함

〈表 7-9〉 怨嗔殺의 所在別特性

月日時가	年支를	怨嗔時	사회적—불평불만을 항상가짐
日時支가	〃	〃	며느리(得)—부자간불목
日支가	月支를	〃	부모애(無)/부부간—이별상별사별(有)
時支가	日支를	〃	자손원수(됨)/부부간불화/Sex궁불만
年支가	時支를	〃	사회적—자손출세(못함)
月支가	〃	〃	육친(부모형제처자)간 불목
日支가	〃	〃	부부간—이별상별사별(有)
大運流年에서 怨嗔殺			無財數/損財數/疾厄/大厄(有)

감)을 갖는 것이 특징이다.

　이러한 원진살은 陽支가 陰支를 원진하고 陰支가 陽支를 원진하는데, 子→未, 丑→午, 寅→酉, 卯→申, 辰→亥, 巳→戌이 원진에 해당하는 것이다. 이 중에서 子→未, 丑→午는 원진살이면서 六害殺이기도 하다.

2) 男女離別殺의 意味와 性情

　男女生死離別殺(남녀생사이별살)은 日柱만을 살피는 것이 특징이다. 사주내에 이 살이 있을 경우에는 남녀간에 상대가 일찍 죽거나 생사이별이 있게 된다. 이러한 남녀생사이별살에 해당되는 日柱를 정리하여 보면 60갑자 중에서 11개의 조합으로 다음과 같다.

〈표 7-10〉 男女生死離別殺의 該當日柱와 特性

男女生死離別殺 (日柱)	甲寅 乙卯 乙未 丙午 戊辰 戊申 戊戌 己丑 庚申 辛酉 壬子
離別殺日柱者가	離別殺月과 離別殺流年을 만나면 病身數 兄弟不和 또는 死別－夫婦生死離別 또는 離婚

　사주의 日柱가 離別殺日(이별살일)이면서 離別殺流年(이별살유년)을 만나거나 離別殺月(이별살월)을 만나게 되면, 예컨대 甲寅일생이 乙卯년을 만나거나 甲寅월을 만나면 外傷(외상)을 입거나 病身(병신)이 되는 수가 있고 형제간에 불화하거나 死別(사별)이 있게 되는 것이다. 그래서 이별살日柱가 이별살流年을 만나게 되면 부부간에 생사이별이나 이혼이 있게 되는 것이다.

3) 殺剋殺의 意味와 性情

殺剋殺(살극살)은 日柱만을 따진다. 살극살의 성정은 남자는 처를 극하고 여자는 지아비를 극한다. 그러나 살극살이 合·沖·空亡이 되면 그 살이 없어진다. 이러한 살극살에 해당하는 일주는 다음과 같다.

〈表 7-11〉 殺剋殺의 該當日柱

殺剋殺 배우자剋	日柱	甲寅	乙巳	丁巳	丙午	戊午	辛亥	壬子

4. 羊刃殺·飛刃殺

羊刃(양인)과 飛刃(비인)은 반드시 日干을 중심으로 하여 살핀다. 그런데 양인살과 비인살은 서로가 對沖關係(대충관계)로 구성됨이 그 특징이다. 羊刃殺(양인살)이란 刑罰殺(형벌살)로서 災殃(재앙)에 해당함이 그 골격이다. 그래서 刑을 주재하는 기상으로서 君子에게는 權威(권위)가 되지만 小人에게는 刑厄(형액)이 된다. 그래서 양인살이 中和가 될 경우에는 大發하지만 太旺(태왕)할 경우에는 惡死(악사)를 하게 되는 것이다.

또 殺의 작용면에서 볼때에 陽干은 강하고 陰干은 약하게 나타나는데 대개는 강렬·횡폭·성급·곤액·장애 등이 많음이 그 특성이다. 그러기에 烈士(열사)나 怪傑(괴걸) 등이 간혹 있고 軍人(군인)·警察官(경찰관)·運動家(운동가)·運命家(운명가)·法官(법관)·醫師(의사) 등 예리하게 파고 자르는 성정을 갖는 직업군을 형성한다.

한편 비인살은 양인살과 그 작용력이 유사하다고 보면 될 것이다.

비인살의 특성으로는 하는 일마다 熱中(열중)을 쉽게 잘 하지만 반면에 지속성이 없어서 倦怠症(권태증)을 잘 내는 것이 일반적이다. 그리고 投機心(투기심)이 강하며 冒險(모험)을 즐기는 경향이 있어 파산하는 수가 있다.

〈表 7-12〉 羊刃 飛刃殺 早見表

日天干	甲	乙	丙戊	丁己	庚	辛	壬	癸	備考
羊刃	卯	辰	午	未	酉	戌	子	丑	對冲
飛刃	酉	戌	子	丑	卯	辰	午	未	關係

실예1에서 日天干 丙을 중심으로 볼 경우에 丙에 午는 羊刃이고 丙에 子는 飛刃이다. 그리고 月柱의 亥에서 時柱의 戌을 보니 天醫星(천의성)이다. 따라서 이 여자의 사주는 천의성이 있고 양인과 비인이 모두 끼어 있으므로 醫師(의사)가 된 것이다.

〈表 7-13〉 重重羊刃 飛刃殺의 特性

羊刃殺	特 性(형벌/재앙/횡폭/성/곤액/장애)				
2柱 以上	自慢心(强)/非社交的/眼下無人格/孤立 是非/言語橫暴/官災口舌/多敵/手術厄/凶作用 奪財/速成速敗/剋夫剋妻/剋父剋子				
3柱 以上	얌체족/無禮儀/配偶者宮不利/女子淫亂-亡神數 聾啞盲人數				
桃花殺 同柱時	疾病 苦生	時 辛 巳	日 庚 辰	月 辛 酉	年 癸 酉	庚에서 酉는 羊刃이며 桃花殺임
流年에 올경우	交通事故/疾病-手術數 損財/事業失敗-官災口舌數				

實例 1

時柱	日柱	月柱	年柱	
戊	丙	丁	庚	坤 命
戌	午	亥	子	

　　양인살은 대개가 신강사주가 된다. 특히 月柱에 양인이 있게 되면 매우 강한 신강사주가 되는데, 신강사주가 안될 경우에는 살인격, 즉 자기의 日干을 剋하면서 양인이 있는 경우가 된다. 그리고 양인살을 어디에서 만나느냐에 따라서 그 특성을 달리하는데 양인살의 소재별 특성은 다음과 같다.

〈表 7-14〉 羊刃 飛刃殺의 所在別特性

羊刃	特 性(신강/살인격)
年柱	初年風波(多)/祖業破産/背恩忘德
月柱	兄弟間 不和/若干 卑屈한 性格所有
日柱	配偶者宮不利/孤獨/中年以後災禍(多)/劫財傷官同柱時- 末年大災難(有)-단, 軍人/警察/司法官/運動家(免함)
時柱	子孫無德/損財數(有)/末年疾病(多)

〈表 7-15〉 羊刃 飛刃殺의 一般的特性

羊刃과 日干의 生五行有無	特 性
日支羊刃이고 日干의 生五行이 있을 경우	婦人難産
羊刃柱에 日干의 生五行이 同柱할 경우	惡死
羊刃(有)-日干의 相生五行이 八字에 있을시	名譽吉/痼疾病(有)

　　實例2에서와 같이 羊刃이 있는 柱에 日干과 같은 五行이 同柱하

實例 2

時柱	日柱	月柱	年柱	
戊	丙	乙	丙	干
戌	子	未	午	支

實例 3

時柱	日柱	月柱	年柱	
癸	丙	甲	壬	干
卯	辰	辰	午	支

고 있을 경우에는 초년에 고독하고 풍파가 있으며 타향살이를 한
다. 즉 丙에서 午가 양인이고 午에 동주한 丙이 日干과 같은 경우
이다.

　實例3에서와 같이 羊刃이 있는 柱에 日干五行을 相剋시키는 五行
이 동주하고 있을 경우에는 말년에 재물로 패가망신하게 된다. 즉
丙에서 午가 양인이고 午에 동주한 壬이 日干五行 丙을 相剋하는 것
과 같은 경우이다. 그리고 이 사주는 日柱와 時柱가 辰卯로써 六害
殺이며, 金이 없어서 財가 없는 사주이다.

　한편 實例4에서와 같이 羊刃에 同柱한 偏官七殺이 日干을 剋하여
日干을 위협할 때에는 양인이 日干에 합세하여 구명하여 목숨을 살
려 은혜를 베품도 가하니 좋을 때도 있다.

　즉 丙에서 午가 양인이고 午에 동주한 壬水가 日干五行의 丙火를
剋하여 丙이 나쁘게 되지만 양인의 午火가 丙에 합세하여 자기 목숨
을 구해주는 경우인 것이다. 이 사주에서는 편관칠살이 用神인 정신
이므로 자기를 발전시키고 목숨을 구해주는 것이다.

　또 實例5에서와 같이 月柱에 丙이나 丁이 있고 양인을 이루면서

日干과 같은 오행이 있으면 초년이 고독하고 풍파가 있으며 타향살 이를 한다.

實例 4

時柱	日柱	月柱	年柱	
甲	丙	壬	乙	干
午	申	午	亥	支

實例 5

時柱	日柱	月柱	年柱	
癸	丙	丙	壬	干
巳	午	午	寅	支

5. 孤神 寡宿 隔角殺

孤神殺(고신살)과 寡宿殺(과숙살)은 年月日時柱 등에 상관이 없이 모두에서 살피지만, 隔角殺(격각살)은 日支와 時支만을 따지는 것이다. 남녀궁합을 볼 경우에는 특히 時柱를 중시하여 고신살과 과숙살을 살펴야 한다. 고신살·과숙살·격각살을 정리하여 보면 다음과 같다.

〈표 7-16〉孤神寡宿隔角殺의 特性과 早見表

	特 性	亥子丑	巳午未	寅卯辰	申酉戌
孤神殺	공방별거이별/상처/실패	寅	申	巳	亥
寡宿殺	부부이별/재산풍파	戌	辰	丑	未
隔角殺	허송세월/부모자식불화	日支와 時支가 隔함을 의미			

1) 孤神殺

孤神殺(고신살)이 있으면 처를 해하며 별거·생이별·喪妻(상처)를 하고 부부간에 공방수가 있게 된다. 그리고 고신이 되는 流年에는 남자는 부부생이별·상처·사업실패를 하게 되며 여자는 남자근심이 생기고 姦夫(간부)를 두어 망신을 당하기도 한다.

특히 여자사주가 辰·戌·丑·未일에 출생을 하면 고독하기 쉽다. 또 남녀공히 日時에 역마살이 있으면 타도나 타국의 출입이 분주하고 공방수가 있게 된다. 예를 들어 寅·申·巳·亥가 日時에 있으면 12신 살중 역마·지살·망신살·겁살이 되기 때문이다. 그러나 고신살이 合이 되면 그 작용력을 상실한다.

2) 寡宿殺

寡宿殺(과숙살)은 남자에게는 부부이별이며 여자에게는 喪夫(상부)하여 과부가 되는 뜻을 갖는다. 과숙살이 화개와 같이 있으면 독신으로 늙고 스님이 될 팔자이다.

과숙살이 역마와 같이 있으면 홀로되어 객지를 떠돌아 다니면서 독신으로 늙고 많은 남녀와 연정관계를 맺으면서 풍파로 허송세월을 하게 되는데 이러한 경우는 창녀에게 많다.

한편 고신살과 과숙살은 생이별이나 사별을 할 정도로 재산풍파나 간통죄와 같은 형벌을 한번 정도 겪게 된다. 그러나 과숙살이 合이 되면 그 작용력을 상실한다.

3) 隔角殺

隔角殺(격각살)은 日支와 時支가 隔(격)하여 멀어져 사이가 뜨는 경우를 말하는데 예를 들어 日支가 寅인데 時支에 辰이 오는 경우이다. 사주에 격각살이 있게 되면 허송세월을 하며 부모와 자식간의 사이가 좋지 않음이 그 특징이다.

6. 喪門·弔客·勾紋·血刃·太白星

1) 喪門·弔客殺

喪門殺(상문살)은 月支에서 순행하여 2번째이고 弔客殺(조객살)은 역행하여 2번째에 해당한다. 즉 상문조객은 모두가 月支를 중심으로 해서 관찰하는 것이다. 이러한 상문살은 몸이 아프거나 상복을 입게 되는 것이고, 조객살이 들면 집안의 풍파나 상복을 입게 되고 가택이 不寧(불령)하거나 몸을 다치거나 재물의 손해를 보게 된다.

〈表 7−17〉 喪門弔客殺早見表

月柱	子	丑	寅	卯	辰	巳	午	未	申	酉	戌	亥
喪門殺 地支	寅	卯	辰	巳	午	未	申	酉	戌	亥	子	丑
弔客殺 地支	戌	亥	子	丑	寅	卯	辰	巳	午	未	申	酉

2) 勾紋殺·血刃殺·太白星

勾紋殺(구문살)이란 관재구설이 생긴다는 의미이다. 血刃殺(혈인살)은 몸을 다치거나 수술을 하게 된다는 뜻이다. 太白星(태백성)은 재앙이 많고 곤란한 일이 많이 생기는데 대개 이사하는 방위에서 많이 본다. 이러한 구문혈인살과 태백성을 관찰함에 있어서는 日支를 중심으로 해서 地支를 살피는 것이다.

〈表 7-18〉 勾紋血刃殺과 太白星早見表

	性情	日支	子	丑	寅	卯	辰	巳	午	未	申	酉	戌	亥
勾紋殺	관재구설	地支	卯	辰	巳	午	未	申	酉	戌	亥	子	丑	寅
血刃殺	수술	〃		丑	未	寅	申	卯	辰	戌	巳	亥	午	午	子
太白星	재앙	〃		戌	寅	巳	辰	*	寅	寅	*	巳	*	酉子	寅

第2節 其他神殺分析

1. 紅艶·流霞殺

紅艶殺(홍염살)과 流霞殺(유하살)은 日干을 기준으로 하여 살피는 것인데 홍염살은 바람기이고 유하살은 방랑과 교통사고를 뜻하는 것이다. 홍염살이 남자에게 있으면 방탕을 하고 처궁이 산란하여 딴 살림을 차려 첩을 둘 수도 있다.

〈表 7-19〉 紅艶殺과 流霞殺의 早見表

	性情	日干	甲	乙	丙	丁	戊	己	庚	辛	壬	癸
紅艶殺	바람기	地支	午	午	寅	未	辰	辰	戌	酉	子	申
流霞殺	방랑기	地支	酉	戌	未	申	巳	午	辰	卯	亥	寅

홍염살이 여자에게 있으면 기생팔자이며 부정을 하고 허영과 사치를 좋아하고 외정을 통한다. 이러한 홍염살과 유하살을 정리하여 보면 〈表 7-19〉와 같다.

홍염살이 日支나 時支에 있을 경우에는 그 작용력이 더욱 강하다. 그리고 홍염살이 있으면서 官殺인 正官과 偏官이 혼잡되어 있거나 傷官을 보게 되면 창녀가 되게 되므로 인내와 노력으로 참아야만 한다.

한편 유하살이 사주에 있을 경우에 남자는 客死(객사)를 하게 되므로 교통사고에 주의를 해야 하고 여자는 출산중에 사망을 하는 수가 있으니 주의를 하여야 할 것이다. 그리고 유하살은 남녀공히 떠돌아 다니다가 객사하는 수가 있으니 각별히 주의를 해야 한다.

2. 陰陽差錯殺

陰陽差錯殺(음양차착살)은 음양이 서로 어긋나게 섞이였음을 뜻하는데 이는 日柱나 時柱에 국한하여 관찰하는 것이다. 음양차착살은 부부불화·풍파·결혼의 어려움이 많고 喪中(상중)에 남편이나 아내를 얻게되며, 자신의 가문외로 취급하여 외가나 처가의 고독과 몰락을 보게 된다. 그래서 음양차착살이 있을 경우에는 자손이 궁하여 자손이 있드래도 기르기가 어렵고 다른 사람이 양육을 하기에 이른다.

음양차착살이 生日에 있을 경우에는 외가의 고독과 몰락이 있게 된다. 그리고 음양차착살이 生時에 있을 경우에 남자사주에서는 처가의 고독과 몰락이 있고 여자사주에서는 夫家가 몰락하고 임신중 결혼을 하거나 남편이 첩을 얻게 된다.

그러나 年柱에서 볼 때에 음양차착살이 空亡이 되면 그 작용력이 상실된다. 이러한 음양차착살에는 음착살과 양착살이 있는데 이를 요약하여 보면 다음과 같다.

〈表 7-20〉 陰陽差錯殺早見表와 所在別特性

陰錯殺	丁丑	丁未	辛卯	辛酉	癸巳	癸亥	一
陽錯殺	甲寅	丙子	丙午	戊寅	戊申	壬辰	壬戌
日柱	(外家)고독/몰락			時柱	(男)처가몰락/고독 (女)부가몰락/임신중결혼		

3. 鬼門關殺

鬼門關殺(귀문관살)은 위치는 상관 없이 日支만을 가지고 보는데, 즉 日支의 한 글자를 놓고서 他支에 한 글자가 있어야 작용을 하는데 그 작용력이 크다. 귀문관살은 신경쇠약·정신이상·근친연애·근친상간·노이로제·미친짓 등이 일어날 수가 있다.

예컨대 日과 時가 귀문관살이면 변태성·불감증인 자와 인연이 있어 자식으로 인하여 근심하는 마음이나 불효자식을 두게 된다. 그리고 木火日柱生이 신약사주이면서 귀문관살이 있으면 정신이상에 걸릴 수가 있다.

한편 귀문관살은 流年에서도 작용하는데 예를 들어 丑일생이 午년을 만나면 정신이 피곤하고 미친행동을 하며 실물이나 손재를 보게되는 것이다. 그러나 연주가 공망이면서 귀문관살이면 살이 그 작용을 하지 못한다. 이러한 귀문관살을 정리하여 보면 다음과 같다.

〈表 7-21〉鬼門關殺의 性情과 早見表

鬼門關殺	神經衰弱/精神異常 近親戀愛/近親相姦 노이로제	日支	子	丑	寅	卯	辰	巳
		他支	酉	午	未	申	亥	戌
流年	피곤/미친행동/損財數	日時鬼門	변태성/불감증/자식근심					

實例 6

時柱	日柱	月柱	年柱	
庚	丙	乙	庚	干
寅	子	酉	子	支

실예6의 경우에서 보면 子와 酉가 귀문관살이다. 위의 경우가 남자사주라면 酉가 正財로 부인이 되고, 여자사주라면 子가 正官으로 남편이 된다. 그런데 이와 같이 육친상 남성에게는 財星이 여자에게는 官星이 鬼門이면 그 배우자가 변태성이거나 정신이상이 있고 동성동본간에 애정이 성립될 수 있게 되는 것이다.

4. 天羅 地網殺

戌亥를 天門星(천문성) 또는 天羅(천라)라 하고, 辰巳를 工業星(공업성) 또는 地網(지망)이라 한다. 天羅 地網(천라지망)은 하늘과 땅에 그물인 網(망)을 씌우는 것과 같은 의미이다. 그래서 감금이나 구속으로 관재구설과 시비송사를 당하거나 혹은 납치나 유괴 등도 있을 수 있으며 風이나 전신마비가 올 수도 있다는 것을 의미하는 것이다.

즉 丙火(火命人)에서 볼 때에 戌亥가 12運星중 墓絕地(묘절지)

요, 壬水(水命人)에서 볼때에 辰巳가 墓絶地(묘절지)로서 불쾌한 흉살이 되는 것이다. 단 日支에 한 글자가 있고 他柱에서 다른 한 글자를 만나야 한다. 예컨대 남자사주는 戌亥인 천라를 꺼리고 여자사주는 辰巳인 지망을 꺼리는데 다른 흉악살이 가중하면 흉사하게 된다. 특히 여자사주에서는 파혼을 하거나 剋子하는 厄이 있게 된다.

실예7의 경우에서 보면 巳日柱생이 辰時를 만났으므로 지망에 해당하는 것이다. 이렇게 戌亥는 天羅이지만 天門이라 하여 吉星으로도 작용하여 지혜가 총명하며 사람을 살리는 업에 종사해야 한다고 본다.

實例 7

時柱	日柱	月柱	年柱	
戊	己	庚	辛	干
辰	巳	子	巳	支

예컨대 실예8의 경우에서와 같이 戌日柱생에 他柱에 亥가 있어 해당되는 六親은 대개가 종교신앙으로 천주교인이 많다. 즉 日柱가 甲木일 때 亥水는 父母이지만 여자사주에서 日柱가 丁火나 丙火일 경우에는 亥水가 官星으로 남편에 해당되는 것이다. 아래의 사주는 천주교 신앙인으로서 음악가인데 동일한 干支를 가지고 있기 때문에 예술성이 강한 것이다.

實例 8

時柱	日柱	月柱	年柱	
己	丙	己	丙	干
亥	戌	亥	戌	支

한편 실예9의 경우에서와 같이 천라 지망살이 있는 사람은 남의 생명을 살려주는 활인업에 많이 진출하는데 의사·약사·간호사·역술가·종교인·법관·형무관·특수수사관·헌병·경찰관 등이 이에 속한다고 할 수 있다.

즉 巳日이 양쪽으로 辰을 만났으므로 지망이 있는 사주인 것이다. 그러나 특히 사주에 천라 지망살이 있는데 行運인 大運이나 歲運인 流年에서 천라 지망이 가중되면 관재구설을 당할 수가 있다.

實例 9

時柱	日柱	月柱	年柱	
丙	癸	丙	癸	干
辰	巳	辰	巳	支

5. 急脚殺

急脚殺(급각살)은 月을 기준으로 하여 日이나 時에 대조하여 보는 것으로 갑자기 사고가 나는 것을 뜻하는데 그 확률은 20%정도이다. 이러한 급각살을 정리하여 보면 다음과 같다.

〈表 7-22〉急脚殺 早見表

急脚殺	生月	春(123)	夏(456)	秋(789)	冬(101112)
다침	日時支	亥·子	卯·未	寅·戌	丑·辰

실예10의 경우에서와 같이 6월생으로 여름생월인데 夏月에서 보아 未時가 급각살이다. 月柱를 기준으로 보기 때문에 월은 보지 않

는다. 즉 자손궁인 時柱에 급각살이 있으므로 소아마비의 자식을 두었는데 만일에 日柱에 있었다면 자신이나 아내가 다치는 것이다.

實例10

時柱	日柱	月柱	年柱	
己	戊	辛	己	干
未	寅	未	巳	支

실예11의 경우는 8월생인데 時에서 戊을 만났으므로 時에 급각살이 있는 것이다. 丙日柱에서 보았을 때에 戊은 식신이기에 자식이 된다. 그래서 소아마비의 자식을 두게 되었다.

實例11

時柱	日柱	月柱	年柱	
戊	丙	丁	丙	干
戌	申	酉	申	支

한편 실예12의 경우에서처럼 日時에 급각살이 있으면 신경통·치아상치·풍치·척추장애·골상신(두개골다침)·소아마비 등의 질병이 있게 된다. 이렇게 자손이 급각살이면 자녀불구로 인하여 허송세월을 보내고 근심이 그칠 날이 없게 된다.

實例12

時柱	日柱	月柱	年柱	
戊	己	丁	乙	干
辰	未	亥	巳	支

또한 실예12의 경우에서는 12월의 겨울생이 辰時를 만났으므로

자녀가 불구자이다.

실예13의 경우에서는 5월의 여름생이 卯時를 만나서 자손이나 혹은 자신이 불구가 되었다. 그리고 流年에서 급각살을 만나게 되면 오래된 병이 재발하기가 쉽고 여자의 경우는 산후병이 있게 된다. 그러나 급각살이 공망이 되면 급각살은 없어지게 된다.

實例13

時柱	日柱	月柱	年柱	
乙	癸	甲	辛	干
卯	巳	午	巳	支

6. 懸針殺

글자가 침과 같이 생겼다하여서 懸針殺(현침살)이라 한다. 즉 현침살에 해당하는 것으로는 甲·辛·卯·午·申·未가 있다.

실예 14의 경우에서처럼 甲·辛字를 가진 사주는 神針(신침)이 많고 성격이 예리하며 잔인하고 살벌하여 官災(관재)와 事故(사고)를 많이 당한다. 그래서 직업은 활인업으로 의약이나 기술계통에 종사하게 되며 침술이나 역학계에도 많이 종사하는게 특징이다.

實例14

時柱	日柱	月柱	年柱	
甲	辛	癸	癸	干
午	未	亥	未	支

한편 현침살이 羊刃과 같이 있으면 도살업자이다. 그리고 未日生

은 說得力(설득력)이 좋아 타인을 끌어들이기를 잘하는데 현침살은 언변은 능숙하나 자기꾀에 넘어가는 경우가 많다.

7. 落井殺

落井殺(낙정살)은 日干을 위주로 하여 日支나 時支를 보는 것이다. 낙정살은 우물·강·개천·인분통·맨홀 등에 빠지는 것을 뜻하는 것으로 남의 모략이나 함정에 걸려 재앙을 당할 수 있는데 여기에 다른 殺이 가중되면 惡死할 수도 있다. 이러한 낙정살을 정리하여 보면 다음과 같다.

〈表 7-23〉 落井殺早見表

落井殺 함정조심 물조심	日干	甲己	乙庚	丙辛	丁壬	戊癸	수산해운업과 승선절대금지
	日時支	巳	子	申	戌	卯	

낙정살이 있게 되면 노상이나 화장실에서의 낙상에 주의해야 하며 流年運에서도 해당이 된다. 사주에 낙정살이 있을 경우 해운업·수산업·승선은 절대로 금하여야 한다. 그리고 日干을 주동해 流年이 殺이 되면 물조심을 해야 하며 수산업에 투자하면 큰 손해가 있고 승선은 大凶함에 특히 유의를 해야만 한다.

실예15의 경우에서 日干 庚이 日支에 子를 두고 있는 낙정살이므로 이 사주의 자신이 어릴 때에 人糞桶(인분통)에 빠졌다.

그리고 실예16의 경우에서는 日干 己가 日支에 巳를 두고 있는 낙정살이면서 또한 辰巳가 地網殺(지망살)이다. 따라서 이 사주의 자신이 어려서 개천에 빠져 팔이 부러졌다.

한편 실예17의 경우에서는 日과 時에 있는 낙정살은 아니다. 그러나 月支에 낙정살을 두고 있으면서 酉戌의 육해살이 가중되었다. 그래서 이 사주는 어릴 때에 水厄(수액)으로 물에 빠졌던 것이고 남의 모략을 많이 받으며 살아온 것이다.

實例15

時柱	日柱	月柱	年柱	
戊	庚	丙	癸	干
寅	子	辰	未	支

實例16

時柱	日柱	月柱	年柱	
戊	己	辛	辛	干
辰	巳	丑	巳	支

實例17

時柱	日柱	月柱	年柱	
乙	庚	壬	壬	干
酉	戌	子	辰	支

8. 梟神殺

梟神殺(효신살)은 日柱만 보는 것으로, 즉 日支에 印星이 있는 것을 말한다. 효신이라는 말은 東方不仁之鳥(동방불인지조)라고 하여 어미새를 잡아먹는 올빼미, 즉 부엉이에서 나온 말이다. 효신살의 日柱를 가지면 부모를 일찍 사별하거나 서모·계모·백모 등이 있게 된다. 만일 서모·계모가 없으면 타향객지에서 간장을 도려내는 듯한 고독한 생활을 하거나 아니면 서자출신일 수도 있다. 그러나 효신살의 日柱일지라도 年柱를 주동하여 일주공망이 되면 효신살의 작용은 무력해진다.

예를 들어 乙卯생이 甲子日柱를 가지고 있을 때에 甲子는 효신살이지만 乙卯년은 甲子旬中이므로 子丑이 공망이 된다. 따라서 효신살은 없어지는 것이다. 그리고 효신살 日柱생이 鴞神流年(효신유년)을 만날 경우에는 분가나 동업 등이 시작되는데 이 때에는 반드시 손재나 사기를 당하게 되며 그로 인하여 간혹 부부이별이 있게 된다.

예를 들어서 甲子일생이 甲子년을 만나거나 乙亥일생이 乙亥년을 만날 경우가 이에 해당한다. 효신살에 해당하는 日柱의 干支를 정리하여 보면 다음과 같다.

〈表 7-24〉 鴞神殺早見表

鴞神殺 효신살 서·계모	日 柱	甲子 丙寅 丁卯 己巳 乙亥 辛未 壬申 癸酉 庚辰 辛丑 庚戌 戊午	東方 不仁 之鳥

실예18의 여자사주에서와 같이 日과 時가 효신살이면 無子하기 쉬운데 그 이유는 印星은 자식인 食神傷官을 剋하기 때문인 것이다. 즉 乙亥가 효신이며 丙火는 食神으로 자손인데 亥가 丙火를 꺼버림

實例18

時柱	日柱	月柱	年柱	
丙	乙	庚	乙	干
子	亥	辰	丑	支

으로 자식을 剋하는 이치인 것이다. 그리고 日月이 동시에 偏印이거나 月偏印이 日과 冲하면 편모슬하에 살기 쉬우니 미혼모 출생이거나 조별모친을 하게 된다. 또 偏印이 月에서 만날 때에 日柱와 六害를 하면 편모의 구박을 받고 한이 서린다.

실예19의 사주에서와 같이 日月이 동시에 효신은 아니지만 丁卯가 효신이며 月柱가 冲하여 출생하자마자 고아원에 버려져 양모의 손에서 자란 사주이다.

實例 19

時柱	日柱	月柱	年柱	
癸	丁	辛	戊	干
卯	卯	酉	午	支

한편 실예20의 사주에서는 時柱가 丙寅으로 효신살이 되며 또한 이 사주는 印星이 셋이다. 그래서 어머니가 많은 격이고 子午의 冲이 어머니궁인 월주에 끼었으므로 조별모친하고 계모로부터 구박을 받으며 자랐다. 이런 경우는 時支를 보는 예인데 중요하게 따지지는 않는다.

實例 20

時柱	日柱	月柱	年柱	
丙	己	甲	丙	干
寅	丑	午	子	支

9. 湯火殺

丑寅午일생이 湯火殺(탕화살)에 해당된다. 탕화일생은 화재·화상

·가스·음독·가스중독·총탄부상·염세·비관 등에 위험하다. 이러한 탕화살이 가중되는 경우를 정리하여 보면 다음의 〈表 7-25〉와 같다. 그리고 특히 신약사주에 탕화살이 있으면 자살·화재사망·음독·가스중독 등에 위험한 수가 있다.

실예21과 같은 사주는 신약사주에 탕화살이 있고 여기에 寅과 申이 겹쳐있으므로 불이나서 화재로 사망하게 된 사주인 것이다. 한편 탕화살이면서 日時가 丑이나 午이면 본처와 해로하기가 어렵고 무자식일 수도 있다. 그리고 木日柱生이 신약사주이면서 또한 日時가 丑午이면 음독자살하거나 생애가 공허하게 된다.

〈表 7-25〉湯火殺早見表

日 支	+1字면 殺性加重됨			화재/화상
丑日生	丑	午	未	가스/음독
寅日生	寅	巳	申	식중독
午日生	午	丑	辰	총탄부상

實例21

時柱	日柱	月柱	年柱	
辛	戊	戊	丙	干
酉	寅	寅	申	支

10. 多轉殺

多轉殺(다전살)은 일명 天轉殺(천전살)로 生月을 기준으로 하여 日柱만 보는 것이다. 다전살의 성정은 하나의 직업을 오래 유지하지를 못하고 직업변동을 많이 하는 등 풍파가 많다. 그리고 예를 들어

4·5·6월의 生月者가 丙午일생이면 다전살이 있는 사주인데 또한 流年에서 丙午년을 만나게 되면 직업변화와 실패 등을 많이 하게 된다. 이러한 다전살의 내용을 정리하여 보면 다음과 같다.

〈表 7-26〉 多轉殺早見表

多轉殺	生月	1 2 3	4 5 6	7 8 9	10 11 12
직업변동(多)		寅卯辰	巳午未	申酉戌	亥子丑
풍파실패(多)	日柱	乙卯	丙午	辛酉	壬子

11. 地轉殺

地轉殺(지전살)은 生月을 기준으로해서 日柱만을 살피는 것이다. 지전살의 성정은 모든 일이 초기에는 잘 시작되어서 성공이 되지만 종국에는 실패하는 운으로 여러 가지의 각종 직업을 두루 한번씩 거치게 된다. 이러한 지전살을 정리 요약하면 다음과 같다.

〈表 7-27〉 地轉殺早見表

地轉殺	生月	1 2 3	4 5 6	7 8 9	10 11 12
시작-성공		寅卯辰	巳午未	申酉戌	亥子丑
종말-실패	日柱	辛卯	戊午	癸酉	丙子

12. 孤鸞殺

孤鸞殺(고란살)은 일명 呻吟殺(신음살)이라 하는 것으로 여자의 경우만 보는 것이다. 신음살은 출생일의 日柱만 가지고 보는 것이다. 예컨대 고란살 중에서도 乙巳와 丁巳日柱의 고란살의 작용이 더욱 크다.

그래서 고란살의 출생자는 獨守空房(독수공방)을 하게 되어 바람둥이가 되며 남편과 생사이별을 하거나 남편이 첩을 얻거나 남편으로 인하여 고통이 있는 사주이다. 이러한 고란살을 정리하여 보면 다음과 같다.

실예22의 사주는 出生日이 甲寅일로 고란살이 있는데 甲日柱의 官星은 酉이다. 그러나 寅酉가 서로 怨嗔(원진)에 해당하므로 비정상적인 관계로 남의 첩이 되었다. 그러나 이러한 고란살 출생의 여자라도 財나 官이 合이 되어 조화가 되면 행복한 생활을 한다.

〈表 7-28〉 孤鸞殺 早見表

孤鸞殺－독수공방	日柱(女子)	甲寅	乙巳	丁巳	戊申	辛亥

實例 22

時柱	日柱	月柱	年柱	
甲	甲	癸	己	干
戌	寅	酉	丑	支

13. 百日殺

百日殺(백일살)이 사주에 있으면 유아기에 아프거나 노인기에 해소 기침으로 고생을 한다. 生月을 기준으로 日支나 時支를 보는데 이러한 백일살을 정리하면 다음과 같다.

〈表 7-29〉百日殺早見表

百日殺 幼兒期-疾病	生月	1	2	3	4	5	6	7	8	9	10	11	12
		寅	卯	辰	巳	午	未	申	酉	戌	亥	子	丑
老年期-喘息	日時支	辰	戌	丑	未	子	午	卯	酉	寅	申	巳	亥

14. 鐵職殺

鐵職殺(철직살)은 日柱에 국한하여 보는 살이다. 사주에 철직살이 있게 되면 남자는 바람을 많이 피우고 첩을 둘 팔자이고 직업으로는 부로커가 많으며, 여자의 경우는 세상 사람들의 첩이나 기생팔자가 된다. 그러나 年柱가 日柱를 剋하거나 空亡이 되면 그 작용력은 없어진다. 이러한 철직살에 해당되는 日柱를 정리하면 다음과 같다.

〈表 7-30〉鐵職殺早見表

鐵職殺 外道/브로커	日柱	甲午	丙寅	丁未	戊辰	庚戌	辛酉	壬子	壬申

15. 身體破壞七殺

身體破壞七殺(신체파괴칠살)은 時柱가 日柱를 剋하는 것이나 또는 日地支가 天干을 剋할 경우에 일어나는 것으로 반드시 올라가면서 相剋되어야 하는 것이다. 예를 들어 甲申의 경우와 같이 地支가 天干을 剋하는 경우인 것이다. 이러한 신체파괴칠살의 내용을 정리해 보면 다음과 같다.

〈表 7-31〉 身體破壞七殺早見表

日柱	干	支	性 情
日時	日柱	時柱	
身體 破壞 七殺	木	金	神經性疾病-發生
	火	水	盲人數
	土	木	腰痛/糖尿/胃腸疾病-發生
	金	火	肺病/大腸疾患-發生
	水	土	聾啞/鼻炎/冷症-發生

16. 水厄殺

水厄殺(수액살)은 生月을 기준으로 해서 태어난 時를 보는 것인데 물에 빠져 죽지 않으면 수액을 당한다. 그리고 이러한 수액 살이 있는 사람이 流年에서 수액년을 만나게 되면 水災를 조심해야 한다.

예를 들어 寅卯辰의 春月生이면서 寅時에 태어나면 수액살을 가지게 되는데 또한 유년에서 寅年을 만나게 되는 경우이다. 이러한 수액살을 정리하여 보면 다음과 같다.

〈表 7-32〉 水厄殺早見表

水厄殺 水災	生月	1 2 3	4 5 6	7 8 9	10 11 12
		寅卯辰	巳午未	申酉戌	亥子丑
	生時 또는 流年	寅	辰	酉	丑

17. 盲人殺

盲人殺(맹인살)은 生月을 기준으로 해서 日과 時를 살피는 것인데 사주에 이 殺이 있게 되면 장님이 되거나 눈에 이상이 있게 된다. 이러한 맹인살을 정리하면 다음과 같다.

〈表 7-33〉 盲人殺早見表

盲人殺 장님 눈이상	生月	1 2 3	4 5 6	7 8 9	10 11 12
		寅卯辰	巳午未	申酉戌	亥子丑
	日 또는 時	酉	辰	未	戌

18. 聾啞殺

聾啞殺(농아살)이 사주에 있으면 농아가 되거나 아니면 신체에 장애가 있는 등 항상 몸에 질병이 있게 된다. 이러한 농아살은 日柱와 時柱를 동시에 살피는 것인데 그 내용을 정리해 보면 다음과 같다.

〈表 7-34〉 聾啞殺早見表

聾啞殺 신체장애	日柱	乙巳일	乙未일	己巳일
	時柱	乙巳시	乙未시	己巳시

19. 皇恩大赦祿

皇恩大赦祿(황은대사록)은 生月을 기준으로 하여 日時를 보는 것이다. 이는 擇日(택일)에서만 사용되는 것으로 重罪(중죄)에 처하여 있다고 하드래도 곧 特赦(특사)를 받아 방면된다는 吉星이다. 이러한 황은대사록을 정리하여 보면 다음과 같다.

〈表 7-35〉 皇恩大赦祿早見表

皇恩大赦祿 택일길성	生月	1	2	3	4	5	6	7	8	9	10	11	12
		寅	卯	辰	巳	午	未	申	酉	戌	亥	子	丑
	日時	戌	丑	寅	巳	酉	卯	子	午	亥	辰	申	未

20. 短命殺論

短命殺(단명살)은 수명이 짧은 살로 生月을 기준으로 하여 出生日과 出生時를 보는 것이다. 이같은 단명살은 다음과 같은 사람이 해당된다.

〈表 7-36〉 短命殺早見表

短命殺	生月	1月	2月	3月	4月	5月	6月	7月	8月	9月	10月	11月	12月
		寅	卯	辰	巳	午	未	申	酉	戌	亥	子	丑
	生日	巳	子	丑	寅	卯	辰	亥	戌	酉	申	未	午

短命殺	生月	寅申	卯酉	辰戌	巳亥	午子	丑未
	生日	巳亥	辰戌	卯酉	寅申	丑未	子午

短命殺	生月	春(123)	夏(456)	秋(789)	冬(101112)
	生日	辰戌酉	子丑卯	寅午未	亥子申

21. 天干三奇

天干三奇(천간삼기)란 天上·地下·人上의 三奇(삼기)를 말한다. 이러한 삼기가 年月日柱의 天干에 세글자가 나란히 있는 경우를 말

하는데 사람이 이를 얻으면 귀인이 도와주고 대귀할 팔자라고 하여
영웅이나 수재로서 及第(급제)를 할 수가 있다. 단 천간삼기가 年에
없고 月日時柱에 있는 사람은 고독한 팔자의 상이다.

이러한 천간삼기는 사주내에서만 보는 것이며 한편 택일이나 음
택·양택에서도 매우 중요하게 여긴다. 천간삼기는 반드시 글자가 순
서대로 나열되어 순포되어 있어야만 한다. 이러한 천간삼기의 형태
별 그 性情을 살펴 정리하여 보면 다음과 같다.

〈表 7-37〉 天干三奇의 類型과 形態別性情

天干三奇	順布	性 情(대귀/영웅/수재/급제)	備考
天上三奇	甲戊庚	甲陽木-槐(조상/중심)를 삼음 戊陽土-君(육신/자신)를 삼음 庚陽金-精(정신/자손)을 삼음 甲戊庚-長生得時에 司法行政兩府名聲	四柱上 建祿驛馬(無) 守錢奴
地上三奇	乙丙丁	順干時-神/及第로 名聲(得) 殺로 換武在文時에 國王恩寵(授受)	日時上 建祿驛馬(有) 公卿運
人上三奇	辛壬癸	人門三奇/水奇/	三台星

*十天干중 己는 地에 해당하므로 천간삼기에 포함되지 않음.

第3節 特別神殺의 類型

〈表 7-38〉 特別神殺의 類型과 解說

干支	殺刑	音	解	說
甲甲	破家殺	胃音	淚(루-눈물)	僧道
乙乙	孤下殺	舌音	哭(곡-울음)	破財
丙丙	孤愁殺	爭音	憂(우-근심)	庶子
丁丁	厄喜	毒音	愛(애-사랑)	災殃
戊戊	小妾	斷心	折(절-꺾임)	驛馬
己己	二妾	舌長音	破(파-깨짐)	居住無
庚庚	悅情	威勢	動(동-변함)	他鄉妻
辛辛	華蓋殺	强音	悲(비-슬픔)	刀三殺
壬壬	旺動	落音	感(감-ㄴ낌)	不患
癸癸	暗愛	欲音	情(정- 정)	奸傷
子子	急刑	競爭空亡	溫(온-온화)	姉妹
丑丑	陷地殺	六害殺	寒(한-차거움)	男便競爭
寅寅	陷地殺	桃花殺	冷(냉- 참)	無子
卯卯	病刑	孤神殺	孟(맹-답답)	自剋
辰辰	自刑	七殺	建(건-세움)	自墓
巳巳	客刑	羊(陽)刃殺	消(소-빠짐)	不和睦
午午	自刑	四破殺	風(풍-바람)	自病
未未	元三刑	驛馬殺	濕(습-축축)	自敗
申申	客刑	魁罡殺	發(발- 씀)	自患
酉酉	自刑	固執	允(윤-믿음)	自色
戌戌	小刑	他出	淸(청-맑음)	自死
亥亥	自刑	欲男人	光(광-빛남)	自傷

第8章 天命分析通變百變論

第1節 天命分析參考事項

1. 天戰地戰比較臨床分析

天戰猶自可 地戰急如火

천전유자가 지전급여화

하늘의 싸움은 마치 그 정도와 같지만
땅의 싸움은 불과 같이 급하다는 뜻임

天戰猶自可(천전유자가) 地戰急如火(지전급여화)라 하여 하늘의 싸움은 마치 그 정도와 같지만 땅의 싸움은 불과 같이 급하다는 뜻이다. 즉 地支는 天干의 뿌리(根)가 되고 天干은 地支의 싹(芽)이된다. 그렇기 때문에 天干剋戰(천간극전)이라고 하드래도 地支順精(지지순정)함을 얻게 되면 無碍(무애)함이니 장애가 없는 것이다.

그러나 地支相沖(지지상충)을 天干의 힘으로는 막기가 어려운 것이다. 따라서 干戰(간전)은 가벼운 것이요 支戰(지전)은 무겁고 강한 것이다. 실예1의 천명사주를 분석하여 보면 다음과 같이 정리될수 있을 것이다.

① 庚酉가 羊刃殺(양인살)이다.

② 格局은 官刃格이다. 즉 陽日에 出生하여 生月과 生時가 羊刃에 해당되기 때문이다.

③ 子午沖(자오충)이 2개가 있어서 午중의 지장간인 丙己丁이 나오게 되었고 특히 己土가 투출되어 나온다.

④ 日干庚金(일간경금)이 月支酉의 지장간인 庚辛辛에 뿌리를 박아 通根되었으므로 月令(월령)이 강함이다.

⑤ 地支에 午火가 2개가 있고 子酉의 破(파)가 있어 身弱四柱(신약사주)이다.

實例 1　　　　　　　　　　乾 命

時 柱		日 柱		月 柱		年 柱		
壬 午		庚 子		乙 酉		庚 午		干 支
丙 己 丁		壬 癸 癸		庚 ◇ 辛		丙 己 丁		地 藏 干
73	63	53	43	33	23	13	3	大 運
癸 巳	壬 辰	辛 卯	庚 寅	己 丑	戊 子	丁 亥	丙 戌	
戊 庚 丙	乙 癸 戊	甲 ◇ 乙	戊 丙 甲	癸 辛 己	壬 癸 癸	戊 甲 壬	辛 丁 戊	地 藏 干

大運 關係 分析	戊子	23	子午沖으로 午中의 己土가 튀어나와서 透出됨으로 日干庚金의 힘이 강해진다.
	庚寅	43	寅酉의 怨嗔이 형성된다.
	辛卯	53	午卯의 破가 형성된다.

⑥ 日干庚金의 신약사주이므로 抑扶法(억부법)을 사용하는데 월지장
   간에 用神이 없으므로 時支에 午중의 己土(印綬)가 用神이 된다.
⑦ 戊子大運(무자대운)은 强勢(강세)이다. 戊子大運에서는 子중의
   壬水가 午중의 丁과 丁壬合木(정임합목)이 되어서 用神인 己土
   를 木剋土해주기 때문에 戊子大運과 己丑大運에서는 權勢(권세)
   가 赫赫(혁혁)했다고 할 것이다.
⑧ 庚寅大運은 劣勢(열세)이다. 寅酉의 원진이 형성되고 寅(戊丙甲)
   중의 甲木이 用神인 己土를 木剋土하여 열세이다. 그러나 한편
   으로는 寅중의 戊土가 있어서 용신을 받쳐주기에 죽지는 않았음
   이다.
⑨ 辛卯大運은 死勢(사세)이다. 卯酉沖이 되고 卯(甲乙乙)중의 甲乙
   이 모두 日干庚金의 財鄕(재향)에 해당되고 있다. 예컨대 身弱四
   柱가 財鄕을 만나게 되면 죽음을 면하기 어렵게 되는 것인데 그
   래서 그는 辛卯大運에 귀양가서 죽음을 맞이 하게 된 운명의 소
   유자였던 것이다.

   다음에 제시된 실예2의 사주를 분석하여 정리하여 보면 다음과
같다.
① 生月이 丙辰月로 正氣生이므로 月令地藏干(乙癸戊)의 正氣인
   戊土에 통근을 하지 못하였다.
② 格局은 殺刃格으로 흔한 천명사주가 아니다.
③ 丙午는 羊刃殺에 해당한다. 卯辰의 方合木과 子辰의 半合水가 있
   으며 戊癸合火가 있다. 반면에 泄氣하는 것으로는 子午沖이 있고
   辰은 水庫이므로 이 모두가 日干泄氣者라 할 것이다.
④ 그러나 身强四柱이기 때문에 억부법을 사용하여 日干丙火의 氣運

을 빼주는 것으로서 用神은 월지장간(乙癸戊)의 戊土가 된다.

⑤ 乙卯大運과 甲寅大運에서 早發(조발)하는 사주이다. 특히 甲寅
大運에서는 大運甲과 日支午중의 己土가 서로 甲己合土를 이루
어서 用神을 받혀주기 때문에 그러한 것이다.

⑥ 癸丑大運에서는 印旺殺强(인왕살강)하므로 重兵權(중병권)을 장
악하게 되었다. 즉 戊癸合火가 되어서 日干丙火를 더욱 살려주기
때문에 羊刃이 더욱 旺해지면서 殺이 더욱 강해진 것이다. 그리
고 日干丙火에서 볼 경우에 癸水는 4吉神중의 正官에 해당되기
때문에 그러한 것이다.

⑦ 壬子大運에서 예를들어 流年인 甲子年을 만나게 된다면 羊刃을
沖하는 子午沖이 되므로 戰死(전사)하게 된다. 즉 用神이 戊土로
마른 흙인데 子水인 물(水)이 흙을 쓸어버리는 형국으로, 甲子년

實例 2   乾命 1963. 4. 10. 11:30

時柱		日柱		月柱		年柱		
戊 子		丙 午		丙 辰		癸 卯		干 支
壬 ◇ 癸		丙 己 丁		乙 癸 戊		甲 ◇ 乙		地 藏 干
79	9	59	49	39	29	19	9	大 運
戊 申	己 酉	庚 戌	辛 亥	壬 子	癸 丑	甲 寅	乙 卯	
己 戊壬 庚	庚 ◇ 辛	辛 丁 戊	戊 甲 壬	壬 ◇ 癸	戊 辛 己	戊 丙 甲	甲 ◇ 乙	地 藏 干

의 子가 羊刃인 午를 冲하고 또한 用神인 戊土를 剋하기 때문인
것이다.
⑧ 그래서 이 천명사주자는 壬子大運에서 死亡하게 된 것이다.

2. 干支有無情比較臨床分析

> **天地順遂而精粹者昌 天地乖悖而昏亂者亡**
> 천지순수이정수자창 천지괴패이혼란자망
> **不論有根無根俱要天覆地載**
> 불론유근무근구요천복지재
> 간지가 순수정수한 유정사주는 번창하지만
> 간지가 혼란한 무정사주는 망함이다.
> 사주뿌리의 유무를 논할 필요가 없다.

天地順遂而精粹者昌(천지순수이정수자창)하지만 그러나 天地乖
悖而昏亂者亡(천지괴패이혼란자망)인 것이니 不論有根無根俱要天
覆地載(불론유근무근구요천복지재)인 것이다.

즉 천간지지가 順遂(순수)하고 精粹(정수)하여 有情(유정)한 사
주는 번창하지만, 천간지지가 乖悖(괴패)하고 昏亂(혼란)하여 어그
러지고 어지러워 無情(무정)한 사주는 망하는 것이다.

이는 사주의 뿌리가 있는가 없는가, 干支의 유정과 무정함을 갖추
었는가를 논할 필요가 없는 것이다. 여기에서 언급되는 용어들 중에
서 順遂(순수)는 體用(체용)이 배합됨에 적당하며 有情相生(유정상
생)하여 어그러지지 않는 것을 의미한다. 그리고 精粹(정수)는 氣勢
團結(기세단결)하고 유정하여 사주를 서로 보호하는 것을 뜻한다.

한편 乖悖(괴패)는 기세가 어그러져 혼란한 것이고 天覆地載(천복지재)는 上下干支(상하간지)가 유정한 것을 의미하는 것이다. 이러한 천간지지의 상호관계를 이해하는데 필요한 몇가지의 용어들을 정리해 보면 다음과 같다.

〈表 8-1〉 天干地支相互關係用語解說

天道能容	干支相生-甲子/甲午/丙辰
地德能載	地藏干相通
陽乘陽位	全四柱構成-陽/陽八通
陰乘陰位	全四柱構成-陰/陰八通(好四柱)-刑沖破害의 無存
地 生 天	地支의 天干生助
天 合 地	天干의 地藏干合生-暗合
殺印相生	官殺의 印綬直接相生時-身弱四柱일 경우 官星印星同柱時(大吉)-通貫神이 되므로
情和氣協	干支와 干支가 相互相生하여 有情하고 協力함
始其所始	干支의 시작이 같음 甲子年柱에 日柱時柱도 甲子일 경우
終其所終	干支의 끝남이 같음 癸亥年柱에 日柱時柱도 癸亥일 경우

不可使地德莫之載 地全三物 不可使天道莫之容

불가사지덕막지재 지전삼물 불가사천도막지용

地下通根 地藏干諸天干透出

지하통근 지장간제천간투출

陽乘陽位陽氣昌 最要行程安順

양승양위양기창 최요행정안순

陰乘陰位陰氣盛 還須通路光順

음승음위음기성 환수통로광순

天全一氣(천전일기)란 천간의 4글자가 동일하게 같은 경우로 이는 천명사주가 매우 좋은 경우에 해당한다. 예컨대 논개의 사주와 영조대왕의 사주가 그러한 경우에 해당된다. 그런데 이 두 사람의 천명은 陰陽이 서로 바뀌어서 大運이 順行(순행)하고 逆行(역행)함이 서로 달랐기 때문에 각각의 生涯(생애)가 다른 것이었다고 할 것이다.

實例 3 　　　　　 논개와 영조대왕의 천명사주반

時柱	日柱	月柱	年柱	
甲	甲	甲	甲	干
戌	戌	戌	戌	支

그리고 不可使地德莫之載(불가사지덕막지재)라. 天干이 地支에 通根해야 하는 것이다. 즉 地全三物(지전삼물)이라 地支중에 所藏(소장)된 것이 人元(인원), 즉 地藏干인데 이는 干으로서 支를 用함이 되는 것이고 支로서 干의 뿌리(根)가 되는 이치인 것이다.

그러므로 天干所透(천간소투)하여 모두가 支下에 通根되고 地藏干의 모두가 天干에 노출되어 있게 되면 기세가 자연히 純粹(순수)한 것인데 예컨대 강희의 천명사주반이 그러했던 것이다.

그리고 陽乘陽位陽氣昌(양승양위양기창) 最要行程安順 (최요행정안순)이고 陰乘陰位陰氣盛 (음승음위음기성) 還須通路光順(환수통로광순)인 것이다. 즉 가장 필요한 것은 安靜(안정)되게 있는 것이고 빛을 지닌 것과 같이 통근되어 있어야 함인 것이다.

地生天者 夭衰破沖(지생천자 요쇠파충)

天合地者 地旺宜靜(천합지자 지왕의정)

甲申庚寅辰爲殺印相生(갑신경인진위살인상생)

戊寅癸丑也是兩神興旺(무인계축야시양신흥왕)

始其所始 終其所終(시기소시 종기소종)

福壽富貴乎無窮 最上貴格之例(복수부귀호무궁 최상귀격지례)

上下貴乎情和 左右貴乎氣協(상하귀호정화 좌우귀호기협)

地生天者(지생천자) 夭衰破沖(요쇠파충)이라, 日柱가 長生위에
앉아 있고 사주에 日柱를 돕는 것이 별로 없는 경우 오로지 一點의
長生만이 精神의 集處(집처)가 되는 것인데 沖을 만나면 뿌리가 뽑
혀서 禍가 됨인데 신약사주에서 그러한 것이다.

그리고 天合地者地旺宜靜(천합지자지왕의정)이라 甲午에 甲己合,
乙巳에 乙庚合, 丁亥에 丁壬木, 戊子에 戊癸火, 癸亥에 甲己合, 辛巳
에 丙辛合, 壬午에 丁壬合 등과 같이 이러한 7일의 日柱에 干支들이
天干과 더불어서 그 天干이 깔고 앉은 地支의 地藏干과 合이 되는
것이 衝動(충동)을 하면 좋지가 않다고 함인 것이다.

이러한 7일간에 해당되는 日柱와 그 해당 일주의 지지속에 암장
된 지장간사이에 암장의 간합이 이루어지고 있는데 이러한 암장간
합을 충파하면 좋지않음을 강조하는 말인 것이다.

日柱	甲午	乙巳	丁亥	戊子	己亥	辛巳	壬午
地藏干	丙己丁	戊庚丙	戊甲壬	壬◇癸	戊甲壬	戊庚丙	丙己丁

그리고 甲申庚寅辰為殺印相生(갑신경인진위살인상생)이고 戊寅癸丑也是兩神興旺 (무인계축야시양신흥왕)이라 한다.

즉 日柱가 絶에 臨하여 身弱하고 無氣하지만 印綬가 長生이므로 絶處逢生(절처봉생)이 되었고 元氣가 暗藏되어 있으면 精神이 튼튼하므로 大貴格이 된다함인 것이다. 庚午일도 마찬가지인데, 즉 甲申은 申중에 己戊壬庚이 있고 庚은 甲의 七殺이지만 壬이 印星이므로 庚은 壬을 살리고 壬은 甲木을 살리게 되는 이치인 것이다.

한편 始其所始終其所終(시기소시종기소종)이고 福壽富貴乎無窮最上貴格之例(복수부귀호무궁 최상귀격지례)이다.

예컨대 始其所始(시기소시) 終其所終(종기소종)이라 함은 시작한 곳에서 시작하고 끝난 곳에서 끝난 것을 의미한다.

다음에 예시하는 실례4는 중국의 宰相을 지냈던 康熙(강희)의 사주인데 이처럼 地支가 午에서 시작하여 巳에서 끝났으니 地支가 한 바퀴를 돈 셈이라고 할 것이다. 이러한 강희의 천명사주반을 한번 분석을 해보면 다음과 같다.

① 日干戊土가 月支辰의 지장간(乙癸戊)중에 戊土에 통근을 하였다.
② 사주상 3월달의 강한 흙(土)으로 身强한 사주이다.
③ 用神은 甲木이다. 11세부터의 庚午大運의 庚金대운은 사주내의 지지중 申辰合의 水局이 있기 때문에 用神인 甲木을 칠 수가 없다.
④ 이 사주는 無刑之中(무형지중)에 일종의 運厚之氣(운후지기)로 되어 있다.
⑤ 辰午夾巳(진오협사)하고 戊土가 祿(巳)을 얻었다. 즉 戊의 建祿은 巳이기 때문이다.

實例 4

時 柱		日 柱		月 柱		年 柱		
丁〔巳〕		戊申		戊辰		甲〔午〕		干支
戊庚丙		己 戊 壬庚		乙癸戊		丙己丁		地藏干
71	61	51	41	31	21	11	1	大運
丙子	乙亥	甲戌	癸酉	壬申	辛未	庚午	己巳	

⑥ 巳申夾午未日月合(신사협오미일월합) 사주의 辰巳午申(진사오신)의 未貴夾拱(미귀협공)임이다.

⑦ 時天干(시천간)의 丁火가 年支의 午에 뿌리를 내리고 年과 時가 서로 交互(교호)하여 精氣團結(정기단결)하고 있다. 그리고 財가 되는 申辰水局(신진수국)과 甲木透干(갑목투간)하여 財滋弱殺(재자약살)로 用이 된다.

⑧ 사주팔자가 無一閑雜(무일한잡)하고 一字不可移易(일자불가이역)하며 竝非見來貴(병비견래귀)하여 拱祿(공록)하므로 好命(호명)이라 할 것이다.

그리고 上下貴乎情和(상하귀호정화)이고 左右貴乎氣協(좌우귀호기협)이라. 干支配合(간지합배)의 吉함을 나타내는 것들을 정리하여 보면 다음과 같다. 이 외에도 聯珠(연주)·夾貴(협귀)·夾祿(협록)·天氣一氣(천기일기)·地支連茹(지지연여)·兩干不雜(양간부잡) 등을 들 수가 있을 것이지만 여기서는 줄인다.

〈表 8-2〉 天干地支上下左右合과 眞氣往來

上下情和	天干地支의 上下合이 된 경우 - 天地德合
左右氣協	干干合-支支合이 된 경우
眞氣往來	上下左右로 相互合이 된 경우 - 大貴徵兆

3. 三刑逢冲之福

支神只以沖爲重 刑與穿兮動不動
지신지이충위중 형여천혜동부동

支神只以沖爲重(지신지이충위중)이고 刑與穿兮動不動(형여천혜동부동)이라. 刑沖害(형충해)의 삼자중에 沖이 제일 강하고 刑害는 경한 것이다. 그런데 三刑殺(삼형살)이 沖을 만나게 되면 福이 되는데 예를 들어 寅巳申이 亥를 만나게 되면 吉한 것이다.

또한 삼형살이 有用할 경우가 있는데 日柱가 强할 경우에는 三刑의 氣運을 쓰는 것이다. 실예5의 사주를 분석해 보면 다음과 같이 분석될 수가 있을 것이다.

實例5　　　　　　　乾 命

時柱		日柱		月柱		年柱		
乙 巳		壬 午		乙 巳		壬 寅		干 支
戊 庚 丙		丙 己 丁		戊 庚 丙		戊 丙 甲		地 藏 干
80	70	60	50	40	30	20	10	大 運
癸 丑	壬 子	辛 亥	庚 戌	己 酉	戊 申	丁 未	丙 午	

① 신약사주이면서 三刑殺이 財星인 巳를 묶고 있다. 즉 사주내의 강한 기운을 刑이 묶어버리고 있는 것이다.

② 초반운이 대길하다.

③ 貴하며 制軍(제군)을 하였으므로 군을 장악하여 生殺權(생살권)을 가졌다.

④ 寅巳申에 丙火의 當旺氣(당왕기)를 用하지만 申이 없으므로 귀격이다.

⑤ 從財格(종재격)이고 三刑得用(삼형득용)하여 三刑이 用神으로 木火가 용신이다.

⑥ 火가 너무 많아서 用神은 불(火)을 쫓아가야 하는 것이다. 그러나 申이 있으면 水의 기운이 강해져서 從格(종격)이 될 수가 없다. 또한 申이 있으면 通根되었다고 하여 壬이 흔들리지 않는다.

4. 其他參考事項

合有宜不宜 合多不爲奇(합유의불의 합다불위기)
四生地忌沖剋(사생지기충극)
四敗地喜沖剋/敗地逢沖仔細推(사패지희충극/패지봉충자세추)

合有宜不宜(합유의불의) 合多不爲奇(합다불위기)라, 즉 合이 있으면 힘이 강해져서 좋고 불리함은 없다. 그러나 나쁜 것이 합이 되면 더욱 나빠지고 좋은 것이 합이 되면 더욱 좋아지는 성정이 있다. 특히 합이 많으면 이상한 일이 생기며 간신사주에 합이 많다.

그리고 四生地忌沖剋(사생지기충극)이니 四生地(寅申巳亥)는 沖剋을 당함을 싫어하고 꺼려한다. 그래서 四生地를 破하는 것은 나쁜 것이다.

한편 四敗地喜沖剋(사패지희충극) 敗地逢沖仔細推(패지봉충자세추)라. 四敗地(子午卯酉)가 沖이나 剋을 당하면 좋은데 이는 沖을 당하면 갈라지기 때문이다. 그래서 四敗地가 沖을 만나는 경우에는 자세히 추리하여야 한다.

四庫地不忌沖剋 沖不喜 生方破 重庫宜開
사고지불기충극 충불희 생방파 중고의개

四庫地不忌沖剋(사고지불기충극)이지만 沖不喜(충불희)하니 生方破重庫宜開(생방파중고의개)인 것이다.

즉 辰은 水庫, 戌은 火庫, 丑은 金庫, 未는 木庫로서 辰戌丑未(진술축미)는 四庫地(사고지)이다. 이러한 庫地(고지)는 沖이나 剋을 꺼려하지는 않지만 沖을 해서 나쁠 경우도 있다.

그러므로 生方의 倉庫(창고)인 寅申巳亥(인신사해)에 들어있는 四庫地를 破하여 깨고 여는 것이 좋은 것이다. 즉 필요할 때에 破하여 깨고 열어야 하는 이치인 것이다.

이렇게 庫者用時(고자용시)에 辰戌沖(진술충) 丑未沖逢(축미충봉)하게 되면 問題不成(문제불성)이지만, 木金水火(庫者餘氣)用時에 墓中의 餘氣가 節氣가 될 때에는 기가 天干에 透出되어 있지 않으면 不可用이나 四柱에 需要하는 神이 있으면 庫內에 간직한 것을 취하여 用神으로 삼는다. 이러한 경우가 用神이 塡實(전실)된 경우인 것이다.

즉 辰戌丑未를 쓸 때에는 辰戌의 沖이나 丑未의 沖을 만나면 問題가 이루어지지 않으나, 木金水火를 쓸 때에 辰戌丑未중의 餘氣가 節

氣가 될 때에는 기가 천간에 나와 있지 않으면 쓸 수가 없으나 사주에 필요한 神이 있으면 庫內에 간직한 것을 취하여 用神을 삼는다. 이것을 塡實(전실)이라고 한다.

예를 들어서 사주에 木을 써야 할 경우로, 辰(地藏干－乙癸戊)이 있을 경우 辰중의 乙木을 쓸 경우에 그 乙木이 사주의 천간내에 투출되어 있지 않으면 사용을 하지 못한다. 그리고 사주에 水가 있으면 庫속의 木을 사용할 수 있으나 대신 사주에 辛金이 있으면 庫속의 木을 사용하지 못한다.

즉 辛金이 乙木을 때리기 때문이고 이 경우 塡實을 用神으로 삼는 경우인데 辛金이 있으면 塡實을 때리기 때문에 則破하므로 用神을 사용하지 못하는 것이다. 그래서 사주에 土多하거나 火弱할 경우에는 用神을 木으로 삼는 것이다.

用神入墓(용신입묘)
行運墓庫地(행운묘고지)
水火旣濟之根源(수화기제지근원)
木女金夫之正體(목녀금부지정체)

用神入墓(용신입묘)라. 사주에 兩旺(양왕)한 用神이 있을 경우에 庫地運(고지운)을 만나게 되면 그 氣가 閉塞(폐색)하는데 이럴 경우를 용신입묘라고 하는 것이다. 용신이 庫地의 大運과 歲運을 만나서 용신이 庫속에 들어가면 죽는 수도 있게 된다.

그리고 行運墓庫地(행운묘고지)라, 財官이 用神일 경우에 財官이 庫地의 行運을 만나게 되는 경우가 있는데 이런 종류가 合이 될 때에 庫의 沖을 만나 合을 깨주게 되면 福이 된다.

즉 용신이 合이 될 경우에는 沖을 만나는 곳이 좋고, 용신이 庫속
에 들어가면 꺼내야 하므로 沖을 해야하는 것이다.

한편 水火旣濟之根源(수화기제지근원)이라 丙午가 壬子를 얻어도
不沖이고 丁巳가 癸亥를 얻어도 沖하지 못한다. 즉 子午와 巳亥의
沖이 되지 않는다는 것이다.

그리고 木女金夫之正體(목녀금부지정체)라. 甲寅이 庚申을 얻어도
刑하지 못하고 乙卯가 辛酉를 얻어도 不鬼(불귀)됨을 말하는 것이다.

暗沖暗會尤爲 我沖彼沖皆沖起
암충암회우위 아충피충개충기
旺者沖衰 衰者發 衰神沖旺 旺者發
왕자충쇠 쇠자발 쇠신충왕 왕자발
庫神沖敗 고신충패

暗沖暗會尤爲(암충암회우위) 我沖彼沖皆沖起(아충피충개충기)라
고 함은 형충파해를 포괄한 것이며 지지속에 暗藏(암장)되어 있는
것과 合會(합회) 또는 沖하는 것을 말하는 것이다. 즉 暗合(암합)과
暗沖(암충)을 뜻하는 것이다.

그리고 旺者沖衰(왕자충쇠) 衰者發(쇠자발) 衰神沖旺(쇠신충왕)
旺者發(왕자발)이라함은 신강사주에서 旺者의 喜神을 沖去하면 吉
이되고, 旺者의 忌神을 沖去하면 禍가 된다. 반면에 신약사주에서
衰者의 喜神을 沖去하면 禍가 되고 衰者의 忌神을 沖去하면 吉이 된
다는 것이다.

한편 庫神沖敗(고신충패)라함은 金水喜官(금수희관)은 戌未중에
간직한 丁火官星의 木火에 印綬를 喜할 때에 辰丑중에 숨어있는 癸

水가 喜印이 되고 庫神(고신)은 沖되면 패한다는 것이다.

　실예6의 사주는 身强四柱이다. 조후용신법에 의해 火와 木이 필요하다. 火가 숨어있으므로 戌중의 丁火를 사용해야 하는데 丁火의 힘이 약해 木이 있어야 한다. 그래서 未중의 乙木를 써야 하는데, 이때는 火가 필요하고 天干에 癸水가 있어 沖하지 않고서도 사용할 수가 있다. 그러나 大運과 歲運에서 沖을 만나면 사용할 수가 없다.

實例 6

時柱	日柱	月柱	年柱	
庚 辰	庚 辰	癸 未	庚 戌	干 支
乙 癸 戊	乙 癸 戊	丁 乙 己	辛 丁 戊	地 藏 干

陰陽順逆之說 洛書流行之用 其理信有之也 其法不可執一
음양순역지설 낙서유행지용 기리신유지야 기법불가집일
土者則中央居 四隅寄寅申巳亥 同藏戊土
토자즉중앙거 사우기인신사해 동장무토
戊辰戊戌之魁罡 무진무술지괴강
四柱無用神 用胎元法 사주무용신 용태원용법

　陰陽順逆之說(음양순역지설) 洛書流行之用(낙서유행지용) 其理信有之也(기리신유지야) 其法不可執一(기법불가집일)이라, 즉 洛書(낙서)에 地支流行(지지유행)은 12宮의 四季節를 뜻하는데 사용하는 理致에는 信義가 있고 그 法은 가이 한가지에 통한다 하여 萬法

歸一(만법귀일)이라 한 것이다.

　그리고 土者則中央居四隅寄(토자즉중앙거사우기)하므로 寅申巳亥同藏戊土(인신사해동장무토)라, 土는 중앙에 居하며 네 귀퉁이에 의지하고 寅申巳亥는 모두가 지장간의 戊土가 숨어있는 것이다.

① 木이 없으면 자라지 못하고
② 土가 없으면 旺하지 못하며
③ 土가 없으면 金은 감추지를 못하고
④ 土가 없으면 火水는 싣지를 못한다.
⑤ 乙木은 중생이고 丙火는 태양인데 丙火(태양)과 癸水(雨)는 공존키 어려운 상극 대립적 무정관계임·水는 정력과 슬기의 근원－精氣왕성시－정신력과 창조력이 非凡해짐·土는 天地陰陽인 水火가 하나로 結合하는 男女和合을 상징함·만물발생처·자궁·天地陰陽인 水火(太陽火－地下水)가 하나로 결합하는 남녀의 화합을 상징하는 것으로 女子의 자궁에 해당함·土는 水가 있어야 生土로서 윤택해짐

　첫째 土가 없으면 寅申巳亥에서 長生을 못하는 것이다. 이러한 土性은 信(신)이다. 그래서 일주가 土이고 土氣가 왕성하면 心柱(심주)가 깊고 信義(신의)가 있으며 孝誠心(효성심)이 있다. 그러나 만일 土氣가 태과하면 우둔하고 고집이 세다.

　반면에 土氣가 부족하면 吝嗇(인색)하고 성격이 온후하지 못하다. 예컨대 土일주에 火가 用神인 사주가 木運을 만나게 되면 災殃(재앙)을 면하기 어렵다. 또한 火가 食傷格일 때에는 性情이 聰明(총명)하고 溫厚獨尊(온후독존)하다고 할 수가 있을 것이다.

둘째 火性은 禮(예)이다. 일주가 火이고 왕성하면 성격이 敏活(민활)하고 禮儀(예의)가 바르다. 그러나 만일 火氣가 太過(태과)하면 성격이 너무 무急(조급)하고 독한 성질을 가진다. 그렇지만 일주의 火(화)하면 그 性情(성정)이 거칠게 나타난다.

가령 사주가 純陰(순음)이면 그 사람의 城府(성부)가 深冥(심명)하여서 어둠이 깊으면 陰柔濡滯(음유유체)하여 막히고 머물러 지체함인 것이다. 그러나 사주가 純陽(순양)이면 그 사람의 성정이 中正淡白(중정담백)하고 양강하며 조급함을 그 특징으로 하게 된다.

셋째 木性은 仁(인)이다. 일주가 木이고 木氣가 왕성하면 성질이 仁慈(인자)하여 慈悲心(자비심)이 많고 節度(절도)가 있다. 그러나 木氣가 약하면 절도가 없고 성질이 柔弱(유약)하다. 또한 木氣가 旺氣(왕기)를 누설시키면 예의가 바르고 온후하다. 반면에 火氣가 不及(불급)하여 모자라면 決斷心(결단심)이 적다.

넷째 金性은 義(의)이다. 일주가 金이고 사주에 金氣가 왕성하면 성정이 剛直(강직)하며 의로운 일에 勇敢(용감)하고 名譽(명예)를 소중히 여기며 威嚴性(위엄성)이 있고 결단·결백하다. 만약에 金水가 같이 있어서 왕성하면 智慧(지혜)와 용감성이 있으며 金氣가 약하면 官이 없을 경우에는 결단심이 없다.

다섯째 水性은 智(지)이다. 일주가 水이고 水氣가 왕성하면 聰明(총명)하고 智慧(지혜)가 투출하며 多能多藝(다능다예)하다. 만약 사주에 水氣가 太過하면 動的이어서 活動的이지만 冷情(냉정)하다. 반면에 水氣가 不足하면 도리어 총명하지 못하고 용감성도 없다.

그러나 만약에 水氣가 일주에 왕성하면서 이를 漏泄(누설)시키면 지혜가 있고 성정이 仁厚(인후)하다. 그러므로 五行이 均衡(균형)되면 그 人品이 순정하고, 오행이 不調和(부조화)하여 太過(태과)하면 마음이 인자하지 못하고 嫉妒心(질투심)이 많게 되는 것이다.

한편 戊辰 戊戌之魁罡(무진무술지괴강)이라함은 戊辰·戊戌의 土는 魁罡이 서로 만난 것이요, 己丑·己未는 天乙貴人의 形體를 구비한 것이니 沖眞之位를 지킴이 항상 동정하는 것이며 四庫의 眞土가 된다.

즉 辰土는 힘이 약한 土이지만 戊辰·戊戌의 土는 辰중의 戊土와 戌중의 戊土는 힘이 강한 것이다. 그리고 四柱無用神用胎元法(사주무용신용태원법)이라. 사주내에 用神이 없을 경우에 부득이 필요에 따라 쓰는 방법이 胎元用法(태원용법)이다.

즉 日柱天干(일주천간)의 一位前天干字(일위전천간자)와 日柱地支(일주지지)의 三位前地支字(삼위전지지자)를 합한 것이 胎元인데 이와 같은 방식으로 일주를 가지고 60甲子의 胎元을 모두 만들어 사용할 수가 있는 것이다. 이러한 태원용법을 정리하여 보면 다음과 같다.

〈表 8-3〉胎元用法早見表

日柱	甲子	乙丑	丙寅	丁卯	戊辰	己巳	庚午	辛未	壬申	癸酉
胎元	乙卯	丙辰	丁巳	戊午	己未	庚申	辛酉	壬戌	癸亥	甲子

第2節 天命分析通變百變

1. 通變基礎資料

천명분석통변에서 기초적으로 활용될 수 있는 내용들은 대단히 많이 있다.

첫째 體用變幻魂動覺早見表(체용변환혼동각조견표), 둘째 體用形
而上下區分表(체용형이상하구분표), 셋째 魂魄內外面作用性比較表
(혼백내외면작용성비교표), 넷째 日干基準五臟機能分擔表(일간기
준오장기능분담표), 다섯째 魂魄氣精神關係表(혼백기정신관계표),
여섯째 日干水體基準他五行無存別特性表(일간수체기준타오행무존
별특성표) 등 다양한 것 들이 있을 수가 있다.

그러나 여기서는 참고적으로 몇가지의 표를 묶어서 정리해 제시
해 보면 다음과 같은 것들이다.

〈表 8-4〉 體用變幻魂動覺早見表

體	幻	日干	精	身	自身	天	乾	하늘	君王	主	기둥	形而下學	不變
用	魂	地支	神	心	精神	地	坤	땅	臣下	客	조상 음덕	形而上學	不變
變	動	八字	氣	行	相對	人	中	사람	百姓	動	(大-歲)運 (月-日)運		可變
論	覺	體用變의 幻魂動을 覺(깨달음)하는 論理											

〈表 8-5〉 體用形而上下區分表

體	性靈	前生	形而上의 陰陽	보이지 않는 면
用	精神	令生	形而下의 陰陽	보이는 현상의 면

〈表 8-6〉 魂魄內外面作用性比較表

內面	精神力	배짱	心에서→	神이 되고+天氣→	魂(혼)됨	輔弼作用
外面	氣魄力	기운	氣에서→	精이 되고+天氣→	魄(백)됨	匡正作用
통일체되는 상태	←神		←情神+天氣		魂+魄	化成作用

〈表 8-7〉 日干基準五臟機能分擔表

木	肝臟	肝生魂	魂을 藏함	膽力(담력)
火	心臟	心生神	神을 藏함	心神(심신)
土	脾臟	脾生意	意를 藏함	意志(의지)
金	肺臟	肺生魄	魄을 藏함	氣魄(기백)
水	腎臟	腎生智	智를 藏함	智明(지명)

〈表 8-8〉 魂魄氣精神關係表

魂	木	精神(火)을 따라서 행동함	정신력	극기력
魄	金	精(水)과 더불어 생동함	기백(힘)	순발력
氣	金	父(金)/氣(金)＋精神(火－心生神)	氣力	동작
精	水	子(水)/精(水)＋精神(火)/水火旣濟卦	精神/完成	동작
神	木	孫(木)/神(木)＋精神(火)	心神	동작

〈表 8-9〉 日天干水體基準他五行無存別特性

日干水體基準	水는 智慧로 개체의 소유물임
無木時	水生木을 못함－無智慧格/功을 세우지 못함
無火時	火水未濟－지혜알맹이의 無格/無德/예의못세움
無土時	無官/無堤防－제멋대로 흐르는 水格/無發展－無冠帶格
無金時	無父母格/父母無德/孤兒格

2. 通變百變原理

通變百變(통변백변)이란 主客(주객), 즉 日干(일간)인 主를 體 (체)로하고 日干外他干(일간외타간)의 客을 用(용)으로 하여 새로운 通變(통변)을 만드는 것을 말함이다.

日干을 月地藏干(월지장간)에 逢(봉)하여서 어떠한 통변이 정해지게 되는 것이다. 즉 日干을 體로 하고 逢해서 정해진 통변을 用으로하는 用神을 얻게 되는 것이다. 그러나 이 用神이 善하게 작용하는가 惡하게 작용하는가는 다른 통변을 보아서 그 吉凶을 결정한다.

이는 命式(명식)의 用神(日柱)를 體로하고 他柱의 통변을 仮用神(年柱－時柱)으로 하여 體의 干에서 用의 地藏干을 보아 어느 통변이 되는가를 알 수가 있는 것이다.

月支用神(월지용신) 또는 命中用神(명중용신)을 體로 하고 大運·歲運·月運 등을 用으로 한다. 또 대운을 體로 하고 세운을 用으로 한다. 그리하여 體의 天干에서 用의 天干(地藏干)을 보아 어느 통변에 해당하는 가를 결정한다.

예컨대 庚日生에 月支가 戌인 命式이라면 用神의 到食(도식－偏印)으로부터 대운에서 癸를 보면 正財가 된다. 즉 庚日에서 癸를 보면 傷官이 되는데 財變(재변)하여 到食(도식) 對 傷官(상관)은 正財가 되는 것이다. 도식과 상관은 원래 서로 凶神 사이인데 변화하여 正財가 되므로 凶이 化하여 吉이 되는 이치인 것이다.

이 事相(사상)을 말할 때에는 먼저 도식과 상관의 해석을 한뒤에 결과는 正財의 事相을 말하면 되는 것이다. 즉 變化(변화)한 通變(통변)의 일을 結果論(결과론)으로 말하는 것이다. 이와같이 命中의 吉凶도 그 결과는 통변의 財變(재변)으로 善惡을 결정한 것이다. 즉 그 예를 들어 보면 다음과 같다.

• 體가 凶神일 경우에 財變하여 比肩·劫財가 되면 凶의 해석을 한다.

• 體가 凶일 경우에 制神에 財變되어야 좋다.
　ex) 到食(偏印)이 변하여→正財가 되는 경우이다.
• 比劫의 制神이 되지 못할 경우에는 四吉神으로 財變되면 吉해지고, 四凶神으로 財變되면 凶해진다.
• 體가 吉神일 경우에는 財變하여 比劫이 되면 吉해지고 凶神으로 財變되면 좋지 않는 것이다.

3. 通變百變通脈論

　지금부터 살펴보듯이 어떤 특정한 六神이 다른 어떠한 通變(통변)의 六神을 만날 경우에 氣化作用(기화작용)에 의하여 他六神(타육신)으로 변화하여 最初六神(최초육신)은 어떤 특정한 事案(사안)의 原因(원인)이고 만나는 過程六神(과정육신)은 일의 變遷過程(변천과정)이며 후에 다른 것으로 변화한 結果六神(결과육신)은 그 일의 結果(결과)가 되는 것이다.

　예를 들어서 甲일주에서 甲의 比肩이 印綬를 만나게 되면 印綬가 된다. 즉 이러한 경우는 동생이나 친구가 집을 살려고 할 경우에 결과가 印綬이므로 그 집은 사도 이익이 되는 것과 마찬가지인 것이다. 이렇게 六神이 특정한 육신을 만남으로써 통변되어 변화하는 통변론을 요약을 해보면 다음과 같이 정리될 수 있을 것이다.

1) 比肩劫財中心通變

　比肩 劫財中心 通變은 다음 〈表 8-10〉 比肩中心通變論과 〈表 8-11〉劫財中心通變論을 참고하면 될 것이다.

2) 偏印 印綬中心 通變

偏印 印綬中心 通變은 다음 〈表 8-12〉偏印中心通變論과 〈表 8-13〉印綬中心通變論을 참고하면 될 것이다.

3) 偏財 正財中心 通變

偏財 正財 中心通變은 다음 〈表 8-14〉偏財中心通變論과 〈表 8-15〉正財中心通變論을 참고하면 될 것이다.

4) 偏官 正官中心 通變

偏官 正官中心 通變은 다음 〈表 8-16〉偏官中心通變論과 〈表 8-17〉正官中心通變論을 참고하면 될 것이다.

5) 食神 傷官中心 通變

食神 傷官中心 通變은 다음 〈表 8-18〉食神中心通變論과 〈表 8-19〉傷官中心通變論을 참고하면 될 것이다.

〈表8-10〉比肩中心通變論

最初 原因六神	中間(逢) 過程六神	通變 結果六神
比肩 (이)	比肩을	比 肩
	劫財를	劫 財
	偏印을	偏 印
	印綬를	印 綬
	偏財를	偏 財
	正財를	正 財
	偏官을	偏 官
	正官을	正 官
	食神을	食 神
	傷官을	傷 官

〈表8-11〉劫財中心通變論

最初 原因六神	中間(逢) 過程六神	通變 結果六神
劫財 (가)	比肩을	劫 財
	劫財를	比 肩
	偏印을	印 綬
	印綬를	偏 印
	偏財를	正 財
	正財를	偏 財
	偏官을	正 官
	正官을	偏 官
	食神을	傷 官
	傷官을	食 神

〈表8-12〉偏印中心通變論

最初 原因六神	中間(逢) 過程六神	通變 結果六神
偏印 (이)	比肩을	食 神
	劫財를	傷 官
	偏印을	比 肩
	印綬를	劫 財
	偏財를	偏 官
	正財를	正 官
	偏官을	偏 印
	正官을	印 綬
	食神을	偏 財
	傷官을	正 財

〈表8-13〉印綬中心通變論

最初 原因六神	中間(逢) 過程六神	通變 結果六神
印綬 (가)	比肩을	傷 官
	劫財를	食 神
	偏印을	劫 財
	印綬를	比 肩
	偏財를	正 官
	正財를	偏 官
	偏官을	印 綬
	正官을	偏 印
	食神을	正 財
	傷官을	偏 財

〈表 8-14〉偏財中心通變論

最初 原因六神	中間(逢) 過程六神	通變 結果六神
偏財 (가)	比肩을	偏官
	劫財를	正官
	偏印을	偏財
	印綬를	正財
	偏財를	比肩
	正財를	劫財
	偏官을	食神
	正官을	傷官
	食神을	偏印
	傷官을	印綬

〈表 8-15〉正財中心通變論

最初 原因六神	中間(逢) 過程六神	通變 結果六神
正財 (가)	比肩을	正官
	劫財를	偏官
	偏印을	正財
	印綬를	偏財
	偏財를	劫財
	正財를	比肩
	偏官을	傷官
	正官을	食神
	食神을	印綬
	傷官을	偏印

〈表 8-16〉偏官中心通變論

最初 原因六神	中間(逢) 過程六神	通變 結果六神
偏官 (이)	比肩을	偏財
	劫財를	正財
	偏印을	食神
	印綬를	傷官
	偏財를	偏印
	正財를	印綬
	偏官을	比肩
	正官을	劫財
	食神을	偏官
	傷官을	正官

〈表 8-17〉正官中心通變論

最初 原因六神	中間(逢) 過程六神	通變 結果六神
正官 (가)	比肩을	正財
	劫財를	偏財
	偏印을	傷官
	印綬를	食神
	偏財를	印綬
	正財를	偏印
	偏官을	劫財
	正官을	比肩
	食神을	正官
	傷官을	偏官

〈表 8-18〉食神中心通變論				〈表 8-19〉傷官中心通變論		
最初 原因六神	中間(逢) 過程六神	通變 結果六神		最初 原因六神	中間(逢) 過程六神	通變 結果六神
食神 (이)	比肩을	偏印		傷官 (이)	比肩을	印綬
	劫財를	印綬			劫財를	偏印
	偏印을	偏官			偏印을	正官
	印綬를	正官			印綬를	偏官
	偏財를	食神			偏財를	傷官
	正財를	傷官			正財를	食神
	偏官을	偏財			偏官을	正財
	正官을	正財			正官을	偏財
	食神을	比肩			食神을	劫財
	傷官을	劫財			傷官을	比肩

第3節 天命實證分析參考論

▶ 萬法歸一

富者必腐(부자필부) - 부자는 반드시 부패하여 썩음

貴者必噴(귀자필귀) - 귀자는 반드시 탄식하여 한숨지음

貧者必彬(빈자필빈) - 빈자는 반드시 빛이남

賤者必穿(천자필천) - 천자는 반드시 바위도 뚫음

財必生災(재필생재) - 재물은 반드시 재난을 발생함

官必生禍(관필생화) - 벼슬은 반드시 화난을 발생함

▶ 陰陽原理

　陰陽은 萬物의 父母이고 造物主임

　陰은 形體와 物質

　陽은 氣體와 氣質

▶ 五行原理

　陰陽水火의 運動·變化·作用의 法則

　眞五行－宇宙/太陽/天地萬物의 創造/變化의 法則

　木－春－朝－東方－日出－發生·始作·少年·肝血

　火－夏－晝－南方－中天－成長·極盛·靑壯男·命門火

　金－秋－夕－西方－日沒－成熟·收斂·中年·肺金

　水－冬－夜－北方－休息－貯藏·갈무리·老年·成女·腎水

　土－四季－中央·陰陽의 和合

▶ 體用原理

　天地－陰陽의 體

　旺者－體－主體/君主－旺者健康/旺氣－正氣/主氣/主體

　衰者－用－作用/忠臣/配偶者－衰者疾病

　旺木衰金/旺金衰木/旺火衰水/旺水衰火

　旺陰衰陽/旺陽衰陰

　陰陽中和則－萬事亨通/富貴榮華/健康

　陰陽不和則－萬事不成/貧賤災難/病苦

▶ 相剋原理

　人間(相扶共存法則)/動物(弱肉強食法則)

旺木은 衰金을 扶養함

旺金은 衰木을 扶養함

旺水는 衰火를 扶養함

旺火는 衰水를 扶養함

▶ 相生原理

太陽과 節氣와 萬物이 發生(木)하고/成長(火)하며/成熟(金)하고
貯藏하여 갈무리(水)하는 運動과 變化의 法則임

▶ 節氣原理

봄에는 발생하는 따뜻한 木氣(生氣)가 旺해서 萬物이 發生함

여름은 성장하는 뜨거운 火氣(熱氣)가 旺해서 萬物이 成長함

가을은 거두는 선선한 金氣(冷氣)가 旺해서 萬物이 收斂됨

겨울은 갈무리하는 차가운 水氣(寒氣)가 旺해서 萬物이 貯藏됨

▶ 10干12支(陰干－質/陽干－氣)

甲(生氣)/乙(生物)/丙(育氣)/丁(成長生物)/戊(胎氣)/己(胎物)
庚(熟氣)/辛(成熟五穀百果)/壬(藏氣－寒凍氣)/癸(藏物－冷凍
物)

▶ 生命原理

陰水陽火의 結合에서 生命發生(創造)함

▶ 疾病

癌은－四庫가 沖이나 破가 될 때에 옴

子宮病은—丑戌未 三刑이 될 때에 걸림

大運/歲運/月運에서 丑戌未三刑이 끼면 子宮癌주의

羊刃이 沖을 당하면 농아나 불구자가 되는 사주임

▶ 死亡時點分析

用神이나 喜神이 庫地에 해당하는 년에 많이 사망

用神이 庫地에 들어오면 생명이 위험

用神이 火인 경우에 火의 庫地인 戌을 만날 때가 위험

年柱에 傷官과 劫財가 있으면 조상을 욕되게 함

財星이 地藏干에 暗藏되어 있으면 守錢奴(수전노)임

魁罡殺(庚辰·庚戌·壬辰·戊戌)이 3개면 大貴四柱

괴강사주는 身强을 요하는데 身弱이면 每事不成

印綬가 用神이면 부모덕이 좋음

印星이 重重하면 부모덕이 없음

月柱에 印綬와 官星이 있으면 형제지간에 우애가 있음

吉神이 모두 地支에 暗藏되어 있으면 天福있어 惡運時도 禍를 면함

▶ 人間의 天命運命分析論

四柱命理分析—高次方程式—因數分解法/微分法/積分法

出生基準分析—三次方程式—三次元世界分析法

胞胎基準分析—五次方程式—五次元世界分析法

▶ 唐四柱＝周易四柱의 全體命盤類型(個數)

12支×12支×4流年＝576個命盤

▶ 四柱命理學의 看命盤全體類型(個數)

  60流年(60甲子)×12月建×60日辰×12時支×2性別

  ＝1,036,800個命盤

▶ 天命四柱學…四柱故鄕環境追加分析

  姓氏·出生地(父母/本人)·成長地 등을 追加分析

▶ 看命時 最優先考慮事項

  남자−官(직업)과 財(재물과 여자)를 찾아봄

      官財가 뿌리를 박고 있는지 유출되는지를 봄

  여자−官(남자)과 財(재물)를 찾아봄

      財生官 여부와 財를 生해주는 食傷을 잘살펴 봄

▶ 生時推定法

  똑바로 또는 엎드려서 자는 습성−子午卯酉時

  옆으로 또는 업드려서 자는 습성−辰戌丑未時

  헤매고 아무렇게나 잠을 자는 습성−寅申巳亥時

▶ 用神沖四柱−每事不成

用 神	特　　　性
比 劫	거지가 많음
食 傷	비굴하고 아첨을 잘함
財 星	의식주 걱정없음/여자걱정/주색주의
官 星	배고파도 의리를 중시함
印 綬	교수와 교직자의 직업이 많음

▶ 木用神四柱

頭髮(두발)은 木이므로 길게 기름이 좋고

담배는 火이므로 금연이 좋고

손톱은 金이므로 짧게함이 좋고

술은 水이므로 마시는게 좋으나 단 지나치면 안됨

소량의 술은 水이나 다량의 술은 火로 변하기 때문임

사주에 金이 많으면 술을 잘 마심

▶ 火用神四柱

針(침)은 金이므로 별효과를 보지 못함

漢藥은 木이므로 효과를 잘 봄

▶ 水用神四柱

金太强時엔 金氣運을 水가 泄氣하므로 술을 잘 마심

▶ 奸臣/機會主義者/二重性格者

用神合四柱者

四柱上 辰戌沖이 2개일 경우─고독해 미칠수도 있음

괴강이 破나 沖을 맞을 경우

그러나 충파를 함께 맞으면 작용력이 없어짐

▶ 正官이 많으면 偏官으로 봄

▶ 富者四柱

時柱가 財星이면 돈이 많은 사주

時上의 正財는 부자사주

魁罡이 4개 있는 사주는 極貧 혹은 極富

▶ 神氣有四柱

月柱의 偏財/辛金이 많은 사주

月日時柱의 庚申·庚辰·癸亥·癸丑·癸未

月柱→時柱→日柱의 순으로 강도가 약해짐

▶ 庚庚의 特別神殺

열정이 있어서 무엇이든 깊이 파고 듦

▶ 節氣日의 出生者－팔자가 셈(99%)

▶ 六爻占이 子日에는 맞지 않음

子日과 子時는 귀신활동하는 시간

印綬가 있는 사람은 무엇이든 학문을 파고드는 성격

▶ 子時의 區分法

야자시생은 익일의 시로 보고, 명(정)자시생은 당일의 시로 봄

정시출생자는 지난것으로 봄

새벽 1시출생자는 축시로 봄

▶ 六神과 旺相休囚死

旺	相	休	囚	死
比劫	印星	食傷	財星	官星

▶ 四柱의 雙干支－藝術家/演藝人(多)

▶ 職業分析
   自動車産業은 金에 해당함
   電氣事業은 金火인데 火가 더욱 강함
   運轉業은 水 또는 火인데 水가 더 강함
   사주에 水가 많으면 흘러다니므로 運轉業/流通業이 많음
   用神이 印綬이면 작가·교육자·승려·목사
   用神이 偏官이면 군인·경찰
   用神이 羊刃이면 괴걸·열사(희신이 양인인 경우도 동일함)
   用神이 木이면 자연섬유의 衣類業/衣裳디자인이 좋은 업종임
   木은 자연섬유－천－면화·누에고치임
   火는 화학섬유－천－Oil에서 섬유추출)

▶ 傷官多者
   패기·머리·화술이 좋으나 헛된 기분에 좌우됨
   남이 나를 무시하거나 욕을 하면 물불을 가리지 못함
   단순하고 끊고 맺음이 분명/인정이 많은 성격임
   윗사람을 잘 섬기기 보다는 아랫사람에게 더 인기가 있다.
   교육자·종교가·군인·경찰관의 사주임
   火傷官은 변호사·기자·언론인·정치인이 많음
   傷官旺四柱－성격이 괴팍하나 뛰어난 기술을 가짐
                流年運에서 관운이 오면 관재구설·소송의 大禍

▶ 文昌貴人

문창귀인과 양인살이 같이 있으면 양의사

문창귀인과 비인살이 같이 있으면 한의사

▶ 飛刃殺

月柱飛刃殺—형제중에 약사·의사·군인·경찰 등이 있음

　　　　　　　　　형제간 불목

▶ 天殺·年殺·月殺·번안살

天殺·年殺·月殺·번안살 중의 한 개와 화개살이 같이 있으면→무

당·박수·수녀·스님·목사·신부 등이 됨

▶ 食神格四柱

食神格은 宗敎系統이나 力學家로서 명성을 날림

사주전체가 比劫印星으로 구성되면 語學能通하고 교육자자질

▶ 大運에서

官星運이 오면 월급쟁이를 함

偏官運이 오면 정치운·성직자운이 됨

財星運이 오면 사업을 함(70%)

▶ 歲運에서

印星이 오고 財星과 沖 또는 怨嗔이 되면 사업을 시작함

▶ 大運과 歲運에서

함께 地支와 破가 되면 破의 작용이 없어짐

▶ 自刑殺의 特徵

午午/未未/戌戌의 自刑殺이 겹칠경우－꼬임과 誘拐數(유괴수)

子子/丑丑/酉酉의 자형살이 겹칠경우－바람피우는 경우 많음

▶ 雙三合－합의 작용이 약함

▶ 用神

음양의 싸이클, 즉 음양의 주파수를 어디에 맞추느냐 하는 이것
이 바른 용신이다. 결정되어진 用神을 찾아서 용신을 가지고 월
운·세운(본명성)·대운 등에 대조하면서 앞으로의 일인 미래를 견
주어 보는 것임

• 사주에서의 本命星은 日辰임

• 左手－體－先天－받아드리는 것

• 右手－用－後天－내뿜는 것

• 용신(정신)－육신을 주관하는 것

▶ 日柱中心分析－職員雇傭

日柱 天干이 甲木→壬水→己土→庚金의 順이 좋음

日柱의 己土는 성질이 急한 것이 탈임

日柱의 庚金은 고집이 强한 것이 탈임

日柱의 癸水는 자기사업을 하는 것이 좋음

▶ 六神用의 特徵

父星이 用이면→父德必厚

妻星이 用이면→妻德必厚 內助必好

子星이 用이면→孝誠至極

財星이 用이면→財運必旺 成巨富

官星이 用이면→官運必旺 成大貴

▶ 時運이 用이면→萬事亨通 所願成就

旺者는 體이고 衰者는 用임

用이 得局得勢를 하면 體로 變함

▶ 正官의 秀氣(正官用神의 경우)－乾命

- 官星은 印綬인 母親을 生助하기 때문에 父母를 섬기는 秩序가 있고 父母에게 孝道함

- 官星으로부터 生助를 받은 印綬가 劫財를 공격하여 父親을 守護함

- 官星은 財生官되기 때문에 妻子지키고 家道를 和合하게 함

- 官星은 比劫을 制하여 正財인 本妻를 지키며 애정을 지님

- 傷官이 正官을 剋하는 氣運을 막으면서 正官을 死守해야 하니 자녀 사랑이 지극함

- 正官은 父母孝道(20%)·妻愛情(30%)·子女愛情(50%)임

- 正官(官祿)이 높아지면 官生印하기에 부모를 섬기는 생각으로 지휘관인 上司에게만 忠誠을 하고 妻財에 愛着이 강하며 金錢과 不正蓄財에만 신경을 쓰게 됨

- 官星(子女)의 생각이 傷官(輿論과 恐怖)을 피하고 子女를 保護

하기 위하여 外國으로 留學을 시키게 됨

• 比劫(親舊)의 생각은 본인이 部下로 생각하여 故鄕親舊를 더욱 멀리하게 됨

• 年月柱에 比劫이 있을 경우에 比劫은 爭財하기 때문에 財物을 빼앗아 먹고 猜忌(시기)와 嫉妬(질투)가 있으며 라이벌을 두려워하지 않기 때문임

▶ 산팔자/물팔자의 구분

火體-水用(天命)	천부적 물팔자-장사꾼/水-陰/物質-富
木體-金用(天命)	金生水理致로 물팔자
水體-火用(天命)	천부적인 산팔자/火-陽/官職-貴
金體-木用(天命)	木生火理致로 산팔자

▶ 體用의 年月日時柱別 特徵

年上	정관-君王星/국록상징/정관이 體이면 군왕쟁투/군왕인연(×)/用-用生者/小用-父德/好가문/食神-부모의 상속
月上	用-用生者/小用-兄弟間因緣厚/정관-宰相星
日干	用-유능/현명/충실한 宰相
日支	用-현명하고 멋진 배우자
時支	有絶-자식과 인연이 없고/후사가 끊어짐을 암시
時上	偏官-무관/언론/수사관-천직
時柱	用-자식이 착하고 현명함

▶ 六神의 特性

食神	의식주풍족/소원성취
傷官	관성을 적대시하고 내리침/父/君王/上司-批判/攻駁-能事/재능탁월/두뇌비상/언변비범/상관이 정관을보면-父/君王/上司-批判/攻駁-열중-파란만장/관재구설부절/상관이 재성을 보면-상관기질 소멸-돈버는데 몰두/식상이 재성을보면-식상작용배로증가-두뇌가 번개처럼 움직임/상관이 왕성/득국을하면-성품강직/사리분명/의리투철/예법능통
比劫	만인/사람을 상징/用-만인과 유정-상부상조-인인성사-동업성공/體-형제간 무덕
比肩	用-만인이 따르고 호응하며 지도적인 유능한 인재
官星	벼슬상징-벼슬을 탐하면 동지인 비견을 모두 잃음/山
財星	海/돈보따리/황금
偏財	천재적 장사꾼/금융투기이재-천하의 돈을 떡주르듯함
偏印	눈치빠름/임기응변에 능/무정/냉혹한 별/계모성정 포용/관용/아량/타협/포섭/용서-를 모름

▶ 天干地支의 相互關係別特性

天干이 傷하면	人格이 傷함
地支가 傷하면	內患과 損物이 됨
天干吉-地支凶이면	面華體弱/얼굴은 화려하나 몸이 약함
天干凶-地支吉이면	面跡身健/얼굴은 못생겼으나 건강함
干이 支를 剋하면	上剋下-小禍/順命權威하나 힘이 약함
支가 干을 剋하면	下剋上-大禍/逆命沈滯하나 힘이 강함
天干을 剋해도	天干끼리 相合하면 求할 수 있음
地支를 剋하면	天干이 生助해도 求할 수 없음
天剋해도	地靜하면 그 害가 가벼움
地戰하면	天和해도 그 害가 무거움(地戰이 강함)
日이 年을 剋하면	災殃임
年이 日을 剋하면	離鄕함

命內寒濕太過時	온난대운도 발전미약－조후가 되니 재앙(小)
命內燥熱太過時	한습대운도 무발전－하극상하기에 재앙(來)
年柱(根)喜神	祖上과 上人의 德－년주는 天干을 重用
月柱(苗)喜神	父母兄弟德－월주는 환경(體의 子宮)－地支重用
日柱(花)喜神	賢妻와 賢夫의 德－일주는 干支를 모두 重用
時柱(實)喜神	子孫과 部下의 德－시주는 干支를 同一視함
正格喜神	時柱(實)喜神이 길함(정격－官財印食傷－팔격)
偏格喜神	年柱(根)喜神이 길함(편격－탁형방종암－오격)
大運에서	地支를 重用
歲運에서	干을 重用
月運에서	干支를 同時에 동일시함

▶ 日干六神의 特性

日干	船舶/自動車－積載重量/同一車輛－比劫
財星	貨物/짐/손님/황금
印星	모친의 손목/赤信號/차의 브레이크－안전장치
食傷	靑信號/움직이고 달리려는 별/運行
官星	山/山賊－함정/무덤

〈附錄 表－1〉 綜合早見表 I

地支＼天干	后 子	貴 丑	龍 寅	合 卯	勾 辰	匕 巳	朱 午	太 未	白 申	陰 酉	空 戌	玄 亥
天干	壬10 癸10 癸10	癸9 辛3 己18	戊7 丙7 甲16	甲10 乙10 乙10	乙9 癸3 戊16	戊9 庚5 丙16	丙10 己9 丁11	丁9 乙3 己18	己戊 壬3 庚17	庚10 辛10 辛10	辛9 丁3 戊18	戊7 甲5 壬16
甲	浴 太極貴	帶 天乙陰 正中合土	祿 正祿 甲甲破家殺僧道	旺 羊刃 沖天干	衰 金輿 天廚落井	病 文昌星	死 紅豔殺	墓 天乙陽 正中合土	絕	胎 飛刃殺 流霞殺	養 沖天干	生 暗祿 學堂貴人
乙	病 天乙陰 落井	衰 沖天干	旺	祿 正祿 乙乙孤下破財	帶 羊刃	浴 金輿 學堂貴 天廚貴	生 文昌 紅豔 太極	養 沖天干	胎 天乙陽 仁義之合金	絕	墓 暗祿 流霞 飛刃	死
丙	胎 飛刃	養	生 紅豔 學堂	浴	帶	祿 正祿 天廚貴 丙丙枯水殺庶子	旺 羊刃	衰 金輿 流霞	病 暗祿 文昌 沖天干 落井殺	死 天乙陽 太極貴 威嚴之合水	墓	絕 天乙陰
丁	絕	墓 飛刃	死	病 太極貴	衰	旺 天廚貴 丁丁厄喜殺災殃	祿 正祿 紅豔 羊刃	帶 暗祿 流霞殺	浴 金輿星 學堂 文昌 沖天干	生 天乙陰 落井	養	胎 天乙陽 仁壽之合木
戊	胎 飛刃 無情之合火	養 天乙陽	生 學堂貴人	浴 落井殺	帶 紅豔 戊戊小妾驛馬	祿 正祿 流霞 太極貴人	旺 羊刃	衰 天乙陰 金輿星	病 暗祿 文昌 天廚貴人	死	墓 魁罡	絕 沖天干

〈附錄 表−1〉綜合早見表 I−2

地支	后 子	貴 丑	龍 寅	合 卯	勾 辰	比 巳	朱 午	太 未	白 申	陰 酉	空 戌	玄 亥
天干	壬10 癸10 癸10	癸9 辛3 己18	戊7 丙7 甲16	甲10 乙10 乙10	乙9 癸3 戊16	戊9 庚5 丙16	丙10 己9 丁11	丁9 乙3 己18	己戊 壬3 庚17	庚10 辛10 辛10	辛9 丁3 戊18	戊7 甲5 壬16
己	絕天乙陽	墓飛刃	死	病	衰紅豔	旺	祿正祿 流霞	帶暗祿	浴天乙陰	生文昌學堂	養	胎
	沖天干	己己二妻無居住	正中之合土			落井殺	太極貴	羊刃	金輿星	天廚貴人		
庚	死	墓天乙陽	絕太極	胎飛刃	養魁罡	生暗祿	浴	帶	祿正祿	旺	衰金輿	病文昌
	落井		沖天干	仁義之合	流霞	學堂貴人		天乙陰	庚庚悅情殺他鄉妻	羊刃	紅豔魁罡	天廚
辛	生文昌	養	胎天乙陽	絕流霞	墓暗祿	死	病	衰	旺	祿正祿 紅豔	帶	浴金輿
	學堂天廚			沖天干	飛刃	威嚴之合水	天乙陰		落井殺	辛辛華蓋殺刃三殺	羊刃	太極貴
壬	旺羊刃	衰	病暗祿文昌	死	墓	絕天乙陰	胎飛刃	養	生	浴	帶	祿正祿
	紅豔殺	金輿	天廚貴人	天乙陽貴	魁罡	沖天干太極貴	仁壽之合木		學堂貴人		落井	流霞壬壬旺動不患
癸	祿正祿	帶暗祿	浴金輿	生天乙陰	養	胎	絕	墓飛刃	死紅豔	病	衰	旺
	癸癸暗愛奸傷	羊刃	流霞	文昌學堂落井天廚	無情之合火	天乙陽	沖天干		太極貴人	無情之合火		

〈附錄 表-2〉 綜合早見表Ⅱ-1

		后	貴	龍	合	勾	比	朱	太	白	陰	空	玄
地支		子	丑	寅	卯	辰	巳	午	未	申	酉	戌	亥
天干		壬10 癸10 癸10	癸9 辛3 己18	戊7 丙7 甲16	甲10 乙10 乙10	乙9 癸3 戊16	戊9 庚5 丙16	丙10 己9 丁11	丁9 乙3 己18	己戊 壬3 庚17	庚10 辛10 辛10	辛9 丁3 戊18	戊7 甲5 壬16
子 수 수		將星 將星 子子 急刑 자매	樊鞍 六合 土 血刃	驛馬 *入 三災 隔角 孤神 弔客	六害 *在 三災 無禮 之刑 勾紋	華蓋 *出 三災 三合 暗合	劫 暗合 天德 支德	災 *沖 疾 囚獄	天 六害 怨嗔	地 三合	年 *破 桃花 鬼門	月 暗合 寡宿 喪門 太白	亡神 *壬 月德
丑 쌀 		六害 *在 三災 六合 土	華蓋 *出 三災 華蓋 丑丑 咸池 男便 競爭	劫 暗合 孤神 太白	災 囚獄 隔角 弔客	天 *破 勾紋	地 三合 暗合	年 六害 怨嗔 桃花 鬼門 支德	月 *沖 事業 障碍 血刃 無恩 之刑	亡神 *庚 天德 月德	將星 三合	樊鞍 寡宿 無恩 之刑	驛馬 *入 三災 驛馬 喪門
寅 쌀 		災 囚獄 喪門	天 暗合 寡宿	地 血刃 寅寅 咸池 無子	年 桃花	月 隔角 弔客	亡神 六害 三刑 孤神 勾紋 太白 *丙 月德	將星 三合 將星 丁 天德	樊鞍 暗合 鬼門 支德	驛馬 *入 三災 *沖 愛情 多 三刑 驛馬	六害 *在 三災 怨嗔	華蓋 *出 三災 三合 華蓋	劫 *破 六合 木
卯 보 리		年 桃花 無禮 之刑	月 寡宿 喪門	亡神 *甲 月德	將星 將星 卯卯 病刑 自剋	樊鞍 六害 太白	驛馬 *入 三災 驛馬 隔角 孤神 弔客	六害 *在 三災 *破 勾紋	華蓋 *出 三災 三合 華蓋	劫 暗合 怨嗔 天德 鬼門 血刃 支德	災 *沖 근심 多 囚獄	天 六合 火	地 三合

〈附錄 表-2〉綜合早見表Ⅱ-2

地支	后 子	貴 丑	龍 寅	合 卯	勾 辰	匕 巳	朱 午	太 未	白 申	陰 酉	空 戌	玄 亥
天干	壬10 癸10 癸10	癸9 辛3 己18	戊7 丙7 甲16	甲10 乙10 乙10	乙9 癸3 戊16	戊9 庚5 丙16	丙10 己9 丁11	丁9 乙3 己18	己戊 壬3 庚17	庚10 辛10 辛10	辛9 丁3 戊18	戊7 甲5 壬16
辰 삼씨	將星 / 三合暗合將星	樊鞍 / *破寡宿	驛馬 / *入三災喪門驛馬	六害 / *在三災血刃六害	華蓋 / *出三災華蓋辰辰自刑 自墓	劫 / 孤神	災 / 囚獄隔角弔客	天 / 勾紋	地 / 三合	年 / 六合金桃花支德	月 / *沖孤獨	亡神 / 怨嗔鬼門*壬 天德月德
巳 콩	六害 / *在三災暗合	華蓋 / *出三災三合暗合華蓋	劫 / 六害三刑太白	災 / 囚獄喪門	天 / 寡宿血刃	地 / 巳巳客刑 不具	年 / 桃花	月 / 隔角弔客	亡神 / 六合水*破三刑勾紋孤神*庚 月德	將星 / 三合將星*辛 天德	樊鞍 / 怨嗔鬼門支德	驛馬 / *入三災*沖 口舌驛馬
午 팥	災 / *沖一身不便囚獄	天 / 六害怨嗔鬼門	地 / 三合太白	年 / *破桃花	月 / 寡宿喪門	亡神 / *丙月德	將星 / 將星午午自刑 自病	樊鞍 / 六合火	驛馬 / *入三災驛馬隔角孤神弔客	六害 / *在三災勾紋	華蓋 / *出三災血刃華蓋	劫 / 暗合天德支德

(附錄 表−2) 綜合早見表Ⅱ−3

地支		后	貴	龍	合	勾	比	朱	太	白	陰	空	玄
地支		子	丑	寅	卯	辰	巳	午	未	申	酉	戌	亥
天干		壬10 癸10 癸10	癸9 辛3 己18	戊7 丙7 甲16	甲10 乙10 乙10	乙9 癸3 戊16	戊9 庚5 丙16	丙10 丁9 丁11	丁9 乙3 丁18	己戊 壬3 庚17	庚10 辛10 辛10	辛9 丁3 戊18	戊7 甲5 壬16
未 콩		年	月	亡神	將星	樊鞍	驛馬	六害	華蓋	劫	災	天	地
未 콩		六害 怨嗔 桃花 支德	*沖 障碍 無恩 之刑	暗合 鬼門 *甲 天德 月德	三合 將星	寡宿	*入 三災 驛馬 喪門 血刃	*在 三災 六合 火	*出 三災 華蓋 未未 元三 刑→ 自敗	孤神	囚獄 隔角 弔客	*破 勾紋 無恩 之刑	三合
申 삼씨		將星	樊鞍	驛馬	六害	華蓋	劫	災	天	地	年	月	亡神
申 삼씨		三合 將星 *癸 天德	支德	*入 三災 驛馬 *沖 愛情 多 持勢 之刑	*在 三災 暗合 怨嗔 鬼門	*出 三災 三合 華蓋	*破 六合 水 三刑 太白	囚獄 喪門	寡宿	申申 客刑 自患	桃花	隔角 弔客	六害 孤神 勾紋 *壬 月德
酉 보리		六害	華蓋	劫	災	天	地	年	月	亡神	將星	樊鞍	驛馬
酉 보리		*在 三災 *破 勾紋 鬼門	*出 三災 三合 華蓋	怨嗔 天德 支德	囚獄 *沖 근심 多	六合 金	三合	桃花 血刃	寡宿 喪門	*庚 月德	將星 酉酉 自刑 自絶	六害	*入 三災 驛馬 隔角 孤神

(附錄 表－2) 綜合早見表Ⅱ－4

地支		后 子	貴 丑	龍 寅	合 卯	勾 辰	匕 巳	朱 午	太 未	白 申	陰 酉	空 戌	玄 亥
天干		壬10 癸10 癸10	癸9 辛3 己18	戊7 丙7 甲16	甲10 乙10 乙10	乙9 癸3 戊16	戊9 庚5 丙16	丙10 己9 丁11	丁9 乙3 己18	己戊 壬3 庚17	庚10 辛10 辛10	辛9 丁3 戊18	戊7 甲5 壬16
戌 쌀		災	天	地	年	月	亡神	將星	攀鞍	驛馬	六害	華蓋	劫
		暗合 囚獄 隔角 弔客 太白	勾紋 無恩之刑	三合	六合 火 桃花 支德	*沖 孤獨	怨嗔 鬼門 *丙 天德 月德	三合 將星 血刃	*破 寡宿 無恩之刑	*入 三災 驛馬 喪門	*在 三災 六害 太白	*出 三災 華蓋 戌戌 小刑 自死	孤神
亥 쌀		年	月	亡神	將星	攀鞍	驛馬	六害	華蓋	劫	災	天	地
		桃花 血刃	隔角 弔客	*破 六合 木 孤神 勾紋 太白 *甲 月德	三合 將星 *乙 天德	怨嗔 鬼門 支德	*入 三災 驛馬 *沖 口舌	*在 三災 暗合	*出 三災 三合 華蓋	六害	囚獄 喪門	寡宿	亥亥 自刑 自傷

(附錄 表－3) 64卦構成表

☱ 兌二

	二四	二三	二二	二一
數	35	46	62	54
卦名	隨수	革혁	澤택	夬쾌
卦序·五行	17 木	49 水	58 金	43 土
位	二八	二七	二六	二五
數	26	33	13	46
卦名	萃췌	咸함	困곤	大過
卦序·五行	45 金	31 金	47 金	28 木

內卦: 丁丑 · 丁卯 · 丁巳 ／ 外卦: 丁未 · 丁酉 · 丁亥

☰ 乾一

	一四	一三	一二	一一
數	41	36	53	65
卦名	无妄	同人	履리	天천
卦序·五行	25 木	13 火	10 土	1 金
位	一八	一七	一六	一五
數	34	21	41	12
卦名	否부	遯둔	訟송	姤구
卦序·五行	12 金	33 金	6 火	44 金

下卦: 甲辰 · 甲寅 · 甲子 ／ 上卦: 壬戌 · 壬申 · 壬午

☴ 巽五

	五四	五三	五二	五一
數	35	22	42	11
卦名	益익	中孚	家人	小畜
卦序·五行	42 木	37 木	61 土	9 木
位	五八	五七	五六	五五
數	42	33	56	64
卦名	觀관	漸점	渙환	風풍
卦序·五行	20 金	53 土	59 火	57 木

下卦: 辛酉 · 辛亥 · 辛丑 ／ 上卦: 辛卯 · 辛巳 · 辛未

☲ 離三

	三四	三三	三二	三一
數	52	66	44	35
卦名	噬嗑	火화	暌규	大有
卦序·五行	21 木	30 火	38 土	14 金
位	三八	三七	三六	三五
數	44	15	31	26
卦名	晉진	旅여	未濟	鼎정
卦序·五行	35 金	56 火	64 火	50 火

內卦: 己亥 · 己丑 · 己卯 ／ 外卦: 己巳 · 己未 · 己酉

☵ 坎六

	六四	六三	六二	六一
數	23	36	16	43
卦名	屯둔	既濟	節절	需수
卦序·五行	3 水	63 水	60 水	5 土
位	六八	六七	六六	六五
數	34	43	61	55
卦名	比비	蹇건	水수	井정
卦序·五行	8 土	39 金	29 水	48 木

內卦: 戊午 · 戊辰 · 戊寅 ／ 外卦: 戊子 · 戊戌 · 戊申

☳ 震四

	四四	四三	四二	四一
數	65	53	32	41
卦名	雷뇌	豐풍	歸妹	大壯
卦序·五行	51 木	55 水	54 金	34 土
位	四八	四七	四六	四五
數	12	41	25	34
卦名	豫예	小過	解해	恒항
卦序·五行	16 木	62 金	40 木	32 木

下卦: 庚辰 · 庚寅 · 庚子 ／ 上卦: 庚戌 · 庚申 · 庚午

☷ 坤八

	八四	八三	八二	八一
數	11	42	24	35
卦名	復복	明夷	臨임	泰태
卦序·五行	24 土	36 水	19 土	11 土
位	八八	八七	八六	八五
數	64	56	31	42
卦名	地지	謙겸	師사	升승
卦序·五行	2 土	15 金	7 水	46 木

下卦: 乙卯 · 乙巳 · 乙未 ／ 上卦: 癸酉 · 癸亥 · 癸丑

☶ 艮七

	七四	七三	七二	七一
數	45	14	32	23
卦名	頤이	賁비	損손	大畜
卦序·五行	27 木	22 土	41 土	26 土
位	七八	七七	七六	七五
數	51	63	45	34
卦名	剝박	山산	蒙몽	蠱고
卦序·五行	23 金	52 土	4 火	18 木

內卦: 丙申 · 丙午 · 丙辰 ／ 外卦: 丙寅 · 丙子 · 丙戌

〈附錄 表 −4〉 10日干基準天星地星六神表

(甲木日柱)의 六神分類表

六神	陽干支		日干陽干	陰干支		六神
比肩	寅	甲	甲木	乙	卯	劫財
食神	巳	丙		丁	午	傷官
偏財	辰戌	戊		己	丑未	正財
偏官	申	庚		辛	酉	正官
偏印	亥	壬	日柱	癸	子	正印

(乙木日柱)의 六神分類表

六神	陽干支		日干陽干	陰干支		六神
劫財	寅	甲	乙木	乙	卯	比肩
傷官	巳	丙		丁	午	食神
正財	辰戌	戊		己	丑未	偏財
正官	申	庚		辛	酉	偏官
正印	亥	壬	日柱	癸	子	偏印

(丙火日柱)의 六神分類表

六神	陽干支		日干陽干	陰干支		六神
偏印	寅	甲	丙火	乙	卯	正印
比肩	巳	丙		丁	午	劫財
食神	辰戌	戊		己	丑未	傷官
偏財	申	庚		辛	酉	正財
偏官	亥	壬	日柱	癸	子	正官

(丁火日柱)의 六神分類表

六神	陽干支		日干 陽干	陰干支		六神
正印	寅	甲		乙	卯	偏印
劫財	巳	丙		丁	午	比肩
傷官	辰戌	戊	丁 火	己	丑未	食神
正財	申	庚		辛	酉	偏財
正官	亥	壬	日柱	癸	子	偏官

(戊土日柱)의 六神分類表

六神	陽干支		日干 陽干	陰干支		六神
偏官	寅	甲		乙	卯	正官
偏印	巳	丙		丁	午	正印
比肩	辰戌	戊	戊 土	己	丑未	劫財
食神	申	庚		辛	酉	傷官
偏財	亥	壬	日柱	癸	子	正財

(己土日柱)의 六神分類表

六神	陽干支		日干 陽干	陰干支		六神
正官	寅	甲		乙	卯	偏官
正印	巳	丙		丁	午	偏印
劫財	辰戌	戊	己 土	己	丑未	比肩
傷官	申	庚		辛	酉	食神
正財	亥	壬	日柱	癸	子	偏財

(庚金日柱)의 六神分類表

六神	陽干支		日干 陽干	陰干支		六神
偏財	寅	甲	庚 金	乙	卯	正財
偏官	巳	丙		丁	午	正官
偏印	辰戌	戊		己	丑未	正印
比肩	申	庚		辛	酉	劫財
食神	亥	壬	日柱	癸	子	傷官

(辛金日柱)의 六神分類表

六神	陽干支		日干 陽干	陰干支		六神
正財	寅	甲	辛 金	乙	卯	偏財
正官	巳	丙		丁	午	偏官
正印	辰戌	戊		己	丑未	偏印
劫財	申	庚		辛	酉	比肩
傷官	亥	壬	日柱	癸	子	食神

(壬水日柱)의 六神分類表

六神	陽干支		日干 陽干	陰干支		六神
食神	寅	甲	壬 水	乙	卯	傷官
偏財	巳	丙		丁	午	正財
偏官	辰戌	戊		己	丑未	正官
偏印	申	庚		辛	酉	正印
比肩	亥	壬	日柱	癸	子	劫財

(癸水日柱)의 六神分類表

六神	陽干支		日干陽干	陰干支		六神
傷官	寅	甲		乙	卯	食神
正財	巳	丙	癸水	丁	午	偏財
正官	辰戌	戊		己	丑未	偏官
正印	申	庚		辛	酉	偏印
劫財	亥	壬	日柱	癸	子	比肩

〈附錄 表-5〉身數分析地支神殺地表解說表1

地支 神殺	本宮 五行	性 情	解 說	當年身數		
				月	月支	强弱
白虎	金	돈(생김)·몸(많이 아픔) 每事에 일이 잘 안풀림	金錢健康管理注意 每事의 事故數			
鈹鋒	〃	喜事와 好事의 吉星	貴人의 協助있음			
紅鸞	水	慶事數와 不美數	바람피움 주의			
天喜	〃	喜事와 喜消息의 吉星				
天德	土	天이 福德을 주는 吉星	貴人의 協助있음			
月德	〃	月에서 내리는 福德				
月將	〃	福祿의 吉星				
解神	〃	辛이 풀어지는 吉星	難事成解			
天空	火	空房數-모든 것이 空虛함	每事不成			
喪門	〃	喪服數-집안의 憂患	喪家訪問 注意			
勾殺	〃	입으로 생기는 구설	所聞口舌			
官符	〃	官災口舌數				
小耗	〃	失物數와 盜難數	紛失·損害			
大耗	〃	큰 損害數				
天厄	〃	天厄이 入함-好事多魔	口舌·災殃·疾病 謹愼이 필요함			
卷舌	〃	財産·文書上의 口舌數	職場에서 口舌			
弔客	〃	傷處數/疾病數/家宅不寧	問喪/問病 注意			
病符	〃	身病數				

〈附錄 表－5〉 身數分析地支神殺地表解說表1의 繼續

地支神殺	本宮五行	性 情	解 說	當年身數		
				月	月支	强弱
天馬	火	移動數와 旅行數	交通事故 注意			
劫殺	〃	惡殺과 支出數	驚事에 注意			
亡神	〃	亡神數				
大將軍	－	나쁜 方位(3년마다 바뀜)	移徙·移舍不吉			
三殺	－	나쁜 方位(매년 바뀜)	〃			
流陀(天)	金	太歲에 드는 事故數	역마겹치면교통사고			
流洋(天)	金	太歲에 드는 凶殺	事故數			
文昌(天)	金	貴人으로서 부귀의 길성	文書數			
天福(天)	土	하늘이 주는 福	福과 貴人			
流祿(天)	土/木	太歲에 드는 流年의 流祿	財官이 生함(好事)			

〈附錄 表－6〉流年六十甲子早見表

甲子	乙丑	丙寅	丁卯	戊辰	己巳	庚午	辛未	壬申	癸酉
1924	1925	1926	1927	1928	1929	1930	1931	1932	1933
甲戌	乙亥	丙子	丁丑	戊寅	己卯	庚辰	辛巳	壬午	癸未
1934	1935	1936	1937	1938	1939	1940	1941	1942	1943
甲申	乙酉	丙戌	丁亥	戊子	己丑	庚寅	辛卯	壬辰	癸巳
1944	1945	1946	1947	1948	1949	1950	1951	1952	1953
甲午	乙未	丙申	丁酉	戊戌	己亥	庚子	辛丑	壬寅	癸卯
1954	1955	1956	1957	1958	1959	1960	1961	1962	1963
甲辰	乙巳	丙午	丁未	戊申	己酉	庚戌	辛亥	壬子	癸丑
1964	1965	1966	1967	1968	1969	1970	1971	1972	1973
甲寅	乙卯	丙辰	丁巳	戊午	己未	庚申	辛酉	壬戌	癸亥
1974	1975	1976	1977	1978	1979	1980	1981	1982	1983
甲子	乙丑	丙寅	丁卯	戊辰	己巳	庚午	辛未	壬申	癸酉
1984	1985	1986	1987	1988	1989	1990	1991	1992	1993
甲戌	乙亥	丙子	丁丑	戊寅	己卯	庚辰	辛巳	壬午	癸未
1994	1995	1996	1997	1998	1999	2000	2001	2002	2003
甲申	乙酉	丙戌	丁亥	戊子	己丑	庚寅	辛卯	壬辰	癸巳
2004	2005	2006	2007	2008	2009	2010	2011	2012	2013
甲午	乙未	丙申	丁酉	戊戌	己亥	庚子	辛丑	壬寅	癸卯
2014	2015	2016	2017	2018	2019	2020	2021	2022	2023
甲辰	乙巳	丙午	丁未	戊申	己酉	庚戌	辛亥	壬子	癸丑
2024	2025	2026	2027	2028	2029	2030	2031	2032	2033
甲寅	乙卯	丙辰	丁巳	戊午	己未	庚申	辛酉	壬戌	癸亥
2034	2035	2036	2037	2038	2039	2040	2041	2042	2043

甲子	乙丑	丙寅	丁卯	戊辰	己巳	庚午	辛未	壬申	癸酉
2044	2045	2046	2047	2048	2049	2050	2051	2052	2053
甲戌	乙亥	丙子	丁丑	戊寅	己卯	庚辰	辛巳	壬午	癸未
2054	2055	2056	2057	2058	2059	2060	2061	2062	2063
甲申	乙酉	丙戌	丁亥	戊子	己丑	庚寅	辛卯	壬辰	癸巳
2064	2065	2066	2067	2068	2069	2070	2071	2072	2073
甲午	乙未	丙申	丁酉	戊戌	己亥	庚子	辛丑	壬寅	癸卯
2074	2075	2076	2077	2078	2079	2080	2081	2082	2083
甲辰	乙巳	丙午	丁未	戊申	己酉	庚戌	辛亥	壬子	癸丑
2084	2085	2086	2087	2088	2089	2090	2091	2092	2093
甲寅	乙卯	丙辰	丁巳	戊午	己未	庚申	辛酉	壬戌	癸亥
2094	2095	2096	2097	2098	2099	2100	2101	2102	2103

〈附錄 表－7〉流年六十甲子月別早見表

200( )年	月			1月	2月	3月	4月	5月	6月	7月	8月	9月	10	11	12
3	8	13	18	甲寅	乙卯	丙辰	丁巳	戊午	己未	庚申	辛酉	壬戌	癸亥	甲子	乙丑
4	9	14	19	丙寅	丁卯	戊辰	己巳	庚午	辛未	壬申	癸酉	甲戌	乙亥	丙子	丁丑
5	10	15	20	戊寅	己卯	庚辰	辛巳	壬午	癸未	甲申	乙酉	丙戌	丁亥	戊子	己丑
6	11	16	21	庚寅	辛卯	壬辰	癸巳	甲午	乙未	丙申	丁酉	戊戌	己亥	庚子	辛丑
7	12	17	22	壬寅	癸卯	甲辰	乙巳	丙午	丁未	戊申	己酉	庚戌	辛亥	壬子	癸丑

▌著者 魯 炳 漢 博士 ▌

· 1954年 甲午生 / 全南 咸平産
· 實學研究家-陰陽五行學/風水學/天命四柱學/遁甲學 等

經 歷

· 檀國大學校 行政學博士
· 러시아科學아카데미 極東研究所 政治學博士
· 慶州觀光開發公社 監事
· (社)建設機械安全技術研究院 院長
· 高速道路管理公團 監事
· 檀國大·明知大·瑞一大 等 外來教授
· 서울市公務員教育院 招聘教授
· 京畿大學校 兼任教授
· 〔現〕(社)玄門風水地理學會 企劃擔當常任理事
· 〔現〕巨林家宅風水研究所長
· 〔現〕東方大學院大學校 民俗文化學科(風水環境專攻) 教授

主要著書

· 巨林家宅風水學(2003년 知訥堂)
· 陰陽五行思惟體系論(2005년 안암문화사)
· 巨林天命四柱學〔上卷·下卷〕(2005년 안암문화사)
· 巨林明堂風水學 (2005년 7월 出刊豫定 안암문화사)

독자들의 입에서 입으로 더 알려진 책!
역학계의 현역 전문가들이 극찬하고 먼저 선택한 책!

김 용 연 선생의 명저

神算六爻
이것이 귀신도 곡하는 점술이다
- 입문에서 완성까지 -

所願하고 希望하는 事案의 成事와 成敗여부를 측정하고 판단함에
이보다 신통할 순 없다.

어렵다고 하는 육효 - 일찍이 이렇게 명쾌한 논리로 알기쉽게 쓰여진 책은
없었다. 입문에서 완성까지 3개월이면 끝낸다.
수 천년 전부터 전해오는 전통육효에다 30여년이 넘는 저자의 연구와 경험
을 더해 만들어 졌다. 풍부한 예문과 쉽고도 명쾌한 설명은 다른 어떤 육효 책
에서도 볼 수 없는 이 책만의 자랑으로 초보자도 쉽게 배울 수 있도록 엮었다.
혼자서도 차분하게 읽어 나가다 보면 어느새 본인은 물론 주변 사람들의
미래사에 대해 정확한 답을 얻을 수 있는 경지에 오른 훌륭한 점술가가 되어
있는 자신을 발견할 수 있을 것이다.

실전 육효 최고급 완성편
神算 金用淵의 六육爻효精정解해
전문가로 안내하는 실전 종합응용편 신산육효 상담 실전 요람

전문 술사로 안내하는 풍부하고도 다양한 실증적 사례!
이 책 한 권이면 당신도 40년 실전경력자

상담 실전에서 바른 점사와 정확한 괘 풀이로 전율할 만큼 신묘하고도 높은
적중률로 안내하는 종합 실전 · 상담 응용편이다.
육효학과 육효점, 즉 이론과 풀이를 동시에 만족시키기 위해 저자의 '신산
육효학 강의' 에서만 들을 수 있는 내용과 비전도 감추지 않고 공개하였다.

고전에서 벗어나 현시대의 환경에 맞게 적용하고
판단할 수 있는 육효로 재정립한 것이 신산육효다

『신산육효 – 육효 신강』은 고전에 충실히 근거하면서 현대적 이론의 완벽한
정립과 체계적인 구성으로 자세히 설명하였다.

육효를 체계적으로 새롭게 배우고자 하는 후학을 위해 육효의 완전 분석과
해석, 현대적 예문과 괘풀이로 신산육효를 종합한 육효의 백미라 하겠다.

다른 책에서는 볼 수 없는 주식 투자에 대해 실전 위주의 이론뿐만 아니라
현실적인 사례도 함께 제시했다.

부적 · 부작은 神이 내려주신 神靈物이다

부적 · 부작에 대한 연구는 이미 오래전부터 진행되어 왔고 관련 서적도 수
없이 많다.

하지만 대다수의 책들은 부적의 활용법 중 일부만 제시되어 왔을 뿐 부적의
구성원리 라든가 실질적인 활용법에 대한 제시가 없었다. 이 책은 풍부한 사
례와 함께 상세한 해설로 부적 · 부작을 구성하는 원리에 대해 다각도로 조명
함으로서 보다 근본적으로 이해할 수 있고 또한 누구나 직접 만들어 쉽게 사
용할 수 있게 하였다.

첫 출판 이후 10여년 만에 부적뿐만 아니라 전편에 공개하지 않았던 벽조목
(벼락 맞은 대추나무)과의 조화인 부작에 대한 내용까지 완벽하게 정리했다.

실전육효최고급 종결편

神算 六爻秘傳要訣
신 산 육 효 비 전 요 결

神算 金 用 淵 敎授

神算六爻硏究會 會員
盧 應 根 共著

실전육효 최고급편

저자로서 지금까지 펴낸 「이것이 귀신도 곡하는 점술이다」가 육효점의 입문에서부터 기초와 이해에 바탕하여 육효점을 적용할 수 있는 사례를 분야별로 소개한 입문서라면, 「이것이 신이 내려주는 점술이다」는 좀 더 깊이 있게 실전에서 연구, 응용할 수 있는 종합응용편이라 할 것이다.

육효학에 대해서는 이상으로 모든 것을 널리 소개, 밝혔다고 생각하고 더 이상의 책 출간은 생각지 않았으나 수 많은 독자와 강호 제현들의 격려와 성화를 거절할 수 없었고, 또 세상에서 흔히 비전이라 쉬쉬하며 특별히 전수하는 양 하며 자행되는 금전갈취와 비행을 모르는체 할 수 없어 저자로서 필생동안 연구, 임상하였던 흔치 않은 모든 비술을 여기에 모두 밝혔음을 알린다.

지금까지 저자의 앞서 발행된 2권의 책을 숙지한 독자라면 이 책마저 통달하고 나면 육효학에 관한한 특출한 일가견을 이루었다고 확신하는 바이며 역학계에서 우뚝하리라 믿는다

이 冊으로 後學들이 六爻學을 공부하는 데, 또 실제 상담실전에 보다 유용하고 효과적으로 한치의 오차도 없이 정확하게 판단하는 데 조금이라도 도움이 된다면 필자로서는 더 없는 기쁨이라 하겠다.

爛江網精解
精說窮通寶鑑 정설궁통보감

　　무릇 오행생극론(五行生剋論)은 한유(閒遊)로부터 비롯되어 당대(當代)의 이허중(李虛中) 선생에 이르러 거듭 천간지지(天干地支)를 배합하여 팔자(八字)가 완성되었다. 당시에는 오로지 재관인(財官印)만을 살펴 인사(人事)의 득실을 논하였다.

　　그러나 후세에 이르러 여러 현자들이 천관(天官) 자미(紫微) 신수(身數) 등을 지어 함께 섞어 사용을 하게 되자 이론이 분분하고 일정치 않아 종잡을 수 없었다. 명학(命學)은 원래 명백함이 돋보이는 학문이다.

　　그러나 명학을 배우는 사람들이 마음깊이 요긴한 진리를 깨닫지 못하였으니 술법이 모두 적중할 수 없었던 것이다.

　　내가 틈을 내어 시문(詩文)을 고르고 수집하고 또 많은 명학에 관한 여러 서적을 두루 섭렵하였는데 마침 난강망을 가지고 있는 한 벗이 찾아와 나에게 말하기를 간결하고 쉽게 확절(確切)한 이론으로 저술하고자 한다면 이것이 후학들에게 모범이 될 수 있는 훌륭한 책이 되리라 생각되며 이 비본(秘本)의 이론을 통해서 사람의 부귀의 한계를 저울질하면 자주 영험함이 있을 것이니 자평의 판목이 되고 자평학(子平學)에 작은 보탬이 되리라 생각한다고 하였다.

　　내가 책을 받아 그 이론을 일득해보니 의론(議論)의 정교함과 상세함이 한눈에 들어오고 취사선택이 적절하여 오행생극(五行生剋)에 대해 깨닫게 하는 바가 있으며 팔괘착종(八卦錯綜)의 빼어남이 측량할 수 없었다.

　　이에 뜻이 애매하거나 자잘한 것은 잘라내고 세세한 것은 묶고 번거로운 것은 버리고 지나치게 생략된 것은 보완하고 잘못 된 글자는 바로잡아 한눈에 알아볼 수 있도록 해놓고 보니 이것이야말로 진정한 명학(命學)의 지남(指南)이요 자평(自評)의 모범이라 이에 이름을 궁통보감(窮通寶鑑)이라 하였다.

魯柄漢 博士의 力著 - 天文地理人事學 시리즈

기도발이 센 기도명당 50선

전국에 산재한 분야별 영험한 기도명당 소개!

그 기도에 대한 응답이 기도발이다. 기도발은 누가, 언제, 어디서 기도를 하는가에 달려 있다.

기도란 자신에게 부족한 기운을 보강하는 일이며, 간절하고 애절하며 비장한 기도는 가장 먼저 자신의 내면세계를 바꾸고 이어서 자신에게 부족한 기운을 불러들여 운세를 바꾸며 더 나아가 그 공덕으로 세상을 변화시킨다.

어디가 기도발이 센 명당일까?

기도를 함에도 기도의 주제별로 기도발이 센 기도명당이 있기 마련이다.

부자명당, 출세명당, 합격명당, 당선명당, 사랑명당, 득남명당, 장수명당, 득도명당, 접신명당…

전국에 산재한 분야별 기도명당들을 소개한다.

魯柄漢 博士의 力著 - 天文地理人事學 시리즈

막히고 닫힌 운을 여는 기술

命을 바꿀 수 없다면 運을 바꿔라!

막히고 닫힌 운(運)을 열리게 하는 개운(開運)의 방법을 이해하고 터득하면 누구나 자신이 소원하는 바를 얻을 수 있다.

이러한 점이 바로 자연 속에 감춰진 비밀의 문을 들어간 방위학술이 갖는 불가사의 함이다.

믿고 따르는 자는 소원을 이룰 것이나 그렇지 않으면 주어진 운명대로 살아갈 수 밖에 없음이 운명이다.

魯柄漢 博士의 力著 - 天文地理人事學 시리즈

집터와 출입문 풍수

이 책에서는 풍수지리서의 고전에서부터 출발하여 선지식들과 선대들에 의해 실지 경험들을 토대로 비전(秘傳)되어 오던 풍수비록들 중에 필전되어져야 할 내용들 중에서 「집터와 출입문풍수」에 국한해서 구성했다.

비공개를 원칙으로 하는 풍수비록들을 감히 용기를 갖고 공개적으로 이 책을 집필하여 공개함에는 건전한 풍수지리학의 발전을 기대하기 때문이다. 우리가 평상심으로 올바른 구성(九星)·역(易)·풍수(風水)·상법(相法) 등을 공부하고 완성해서 인간의 단명을 구하고, 빈곤을 구하면서 자기자손들에게 오래 부귀를 지키게 하는 것은 일개 집안의 문제만이 아니라 또한 국가에 충성되게 하는 것으로써 인술(仁術)의 존귀한 것임도 알아야 한다.

바른 법을 알아서 사람이 알지 못하여 불행이 초래되고 일가가 단절 또는 이산하며 혹은 불구자가 되어 곤란에 처해 고통 받는 수많은 사람들을 구해야 할 것이다. 이 책에서 밝힌 풍수비결들은 천지신명이 제시한 신비로운 이치로서 이를 숙독하여 각 집터와 주택에 적용하면 가족들의 건강·부귀·화목·발전·장수를 도모할 수 있을 것이다.

魯柄漢 博士의 力著 - 天文地理人事學 시리즈

[주택사업자/공인중개사/조경사/풍수디자이너/건축사 : 필독서적]

주택 풍수학 통론

주택풍수학은 생활공간에 관한 학문이다!

즉, 자연공간과 실내공간에서 유영(游永)하는 기(氣)의 흐름을 살펴서 인간에게 유리하도록, 잘못되어 어긋나 있거나 모순된 기운(氣運)들을 교정하여 질서를 바로 잡는 역활을 하는 학문이다.

주택은 가족의 현재와 미래를 투영해 볼 수 있는 중요한 잣대 중에 하나이다. 예컨대 집터인 지상(地相)과 주택인 가상(家相)의 길흉에 따라서 가족들의 운명도 영향을 받는다는 것이 수천 년의 역사를 지닌 주택풍수학에서 이야기 해온 가운학(家運學)의 기본철학이다.

흉지(凶地)를 피하고 길소(吉所)를 구하며, 흉택이라면 법수에 잘 맞추어 고쳐서 길상의 길택으로 바꾸어 인의(仁義)를 행한다면 반드시 부귀공명을 얻고 자손들이 무궁한 영광을 얻게 될 것이다.

魯柄漢 博士의 力著 - 天文地理人事學 시리즈

巒頭形氣-風法/龍法/穴法/砂法

巨林明堂
風水學 ㊤
| 山地構造分析論 |

풍수학은 天地人의 三才原理를 밝힌 易學의 한 분야이다.

天地自然 법칙의 탐구를 통해서 인간과 만물의 생성과정·흥망성쇠·길흉화복
을 연구하는 철학이다.

풍수학를 구성하는 4요소는 風(풍)·水(수)·地(지)·理(리)인 것이다. 풍수지리
의 정도는 風法(풍법)·水法(수법)·地法(지법)·理氣法(이기법)으로 구성되어진
학문체계라고 할 것이다. 이러한 풍수학은 巒頭理氣(만두이기)를 體(체)로 하고
天星理氣(천성이기)를 用(용)하는 방식이므로 풍수학이 크게 地相法(지상법)과 理
氣法(이기법)으로 양분되는 이유이다.

山地構造分析論(산지구조분석론)에서 地相形氣論(지상형기론)은 龍穴砂水(용혈
사수)의 스트럭쳐(Structure)를 다루는 山地形構造論(산지형구조론)이라 할 수
있다.

天星理氣法:大成3向水氣法/理氣法

巨林明堂
風水學 ㊦
| 山水Energy分析論 |

山水理氣論은 龍穴砂水(용혈사수)의 에너지(Energy)를 다루는 山水Energy論으
로써 일명 水法理氣論(수법이기론)이라 하겠다.

산수의 대음양에는 첫째 地陰인 산의 생기에 승하는 山法이 있고, 둘째 地陽인
水의 생기에 승하는 水法이 있다. 그러나 용의 본체는 靜立(정립)하여 움직이지
아니하기 때문에 山法의 응험은 遲久(지구)하여 더디고 오랜 기간의 것이고, 물
(水)은 그 본성이 動流(동류)하여 움직이는 것이므로 水法의 응험은 6~12년을 경
과하지 않는다고 함이 학계의 공통된 견해인 것이다.

水法의 생사를 좌우하는 것이 向이다. 따라서 水法의 핵심은 向을 정하는 定向法
이라 하겠다.